浙江省重点创新团队"现代服务业创新团队"研究成果

浙江省哲学社会科学研究基地"浙江省现代服务业研究中心"研究成果

浙江省"十二五"重点学科"应用经济学"研究成果

浙江树人大学著作出版基金资助成果

服务业与服务贸易论丛

SERVITIZATION:

ZHEJIANG STUDY

制造服务化：
浙江实证

李靖华◎等著

ZHEJIANG UNIVERSITY PRESS
浙江大学出版社

图书在版编目(CIP)数据

制造服务化:浙江实证/李靖华等著. —杭州:
浙江大学出版社,2015.12
ISBN 978-7-308-15356-0

Ⅰ.①制… Ⅱ.①李… Ⅲ.①制造工业－服务经济－
研究－浙江省 Ⅳ.①F426.4

中国版本图书馆 CIP 数据核字(2015)第 286268 号

制造服务化:浙江实证

李靖华 等著

责任编辑	田　华
责任校对	董凌芳
封面设计	木　夕
出版发行	浙江大学出版社
	(杭州市天目山路 148 号　邮政编码 310007)
	(网址:http://www.zjupress.com)
排　　版	浙江时代出版服务有限公司
印　　刷	杭州日报报业集团盛元印务有限公司
开　　本	710mm×1000mm　1/16
印　　张	12.5
字　　数	200 千
版 印 次	2015 年 12 月第 1 版　2015 年 12 月第 1 次印刷
书　　号	ISBN 978-7-308-15356-0
定　　价	38.00 元

总　序

以服务业和服务贸易为主要内容的服务经济迅速崛起，成为 20 世纪中叶以后世界经济发展的显著特征。服务业和服务贸易在国民经济中的比重不断上升，成为促进国民经济效率提高和国民产出总量增长的主导力量。

把服务业作为一个完整概念提出并进行系统的理论研究，是 20 世纪才开始的。分处不同时代的西方经济学家从不同角度揭示了人类社会发展过程中，国民生产总值的最大比例从第一产业转向第二产业，进而转向服务业的客观规律性。20 世纪 80 年代中后期，西方发达国家服务业的比重普遍超过了 60%，并呈现持续增长的态势，服务经济被纳入国民经济整体中进行考察。关于服务的理论研究也不断深化。国内学者对服务经济的理论研究始自 20 世纪 60 年代，服务的性质、服务的价值创造、服务业在国民经济中的地位和作用、服务业各行业发展的理论与实践研究、服务业与服务贸易竞争力分析等都被纳入研究范畴。随着服务业和服务贸易在我国经济结构调整、发展方式转变和经济社会可持续发展中的重要性越来越突出，服务经济研究也日益被人们所重视，研究深度和广度也在不断扩大。

浙江树人大学研究团队从 2000 年开始致力于现代服务业、国际服务贸易研究，是国内较早专门从事服务经济领域研究的学术团队之一，研究成果获第四届教育部人文社会科学优秀成果二等奖、全国商务发展研究成果优秀奖、第十三届浙江省哲学社会科学优秀成果一等奖、浙江省高校科研成果一等奖等奖项。目前，浙江树人大学现代服务业研究团队是浙江省重点创新团队，"浙江省现代服务业研究中心"是浙江省哲学社会科学研究基地，"应用经济学"学科是浙江省"十二五"重点学科，"国际经济与贸易"专业因服务贸易人才培养特色获得国家特色专业和浙江省优势专业称号。《服务业与服务贸易论丛》是上述创新团队、基地、学科和专业建设的成果，也是团队近年来刻苦研究的结晶。

在《服务业与服务贸易论丛》出版之际，衷心感谢浙江省委宣传部、浙江省社科联、浙江省教育厅和浙江树人大学各级领导的关心和支持，感谢中国社科院财贸所服务业研究室、中山大学第三产业研究中心等学术界同仁们的帮助，感谢研究团队所有成员的辛勤付出。期待得到学界同行和读者们的批评指教。

夏　晴

2013 年 3 月

目　录

第一篇

企业绩效篇
QIYE JIXIAO PIAN

1 绪 论

1.1 研究背景和主题

1.1.1 研究背景

《中国制造 2025》指出,我国仍处于工业化进程中,与先进国家相比还有较大差距。制造业大而不强,自主创新能力弱,关键核心技术与高端装备对外依存度高,以企业为主体的制造业创新体系不完善;产品档次不高,缺乏世界知名品牌;资源能源利用效率低,环境污染问题较为突出;产业结构不合理,高端装备制造业和生产性服务业发展滞后;信息化水平不高,与工业化融合深度不够;产业国际化程度不高,企业全球化经营能力不足。推进制造强国建设,必须着力解决以上问题。

制造服务化是全球制造业发展的基本趋势。我国正处于工业化中期阶段,未来的市场空间将主要来源于向高端的提升以及向服务的延伸拓展。2009 年世界金融危机后国务院提出的《装备制造业调整和振兴规划》明确提出:"围绕产业转型升级,支持装备制造骨干企业在工程承包、系统集成、设备租赁、提供解决方案、再制造等方面开展增值服务,逐步实现由生产型制造向服务型制造的转变。"这是我国装备制造业未来发展的长期方向之一。2013 年,《浙江省人民政府关于推动现代装备制造业加快发展的若干意见》也指出:"围绕工业工程设计、装备制造、建设安装、售后服务'总承包'、'交钥匙'等服务型制造发展的要求,重点支持装备工业设计与销售公司、成套与系统装备大型制造企业开展集工业工程设计、装备制造、运行调试、员工培训、维修检测、配件专供等为一体的新型商业模式创新。"2015 年 5 月 8 日国务院印发《中国制造 2025》,明确指出要"坚持把结构调整作为建设制造强国的关键环节,大力发展先进制造业,改造提升传统产业,推动生产型制造向服务型制造转变"。

2008 年对全球 13000 家制造业上市公司的一项调查显示,美国制造与服务融合型的企业占制造企业总数的 58%,芬兰的这一比值为 51%、马来西亚是 45%、荷兰是 40%、比利时是 37%。我国制造服务化的进程远远落后,具备服务型制造能力的企业仅占所有企业的 2.2%(张德存,2010)。表面上看,制造服务化的难度要远远低于制造业高端化的难度,但是,随着制造服务化程度的加深,往往会出现所谓的"服务化困境",企业绩效不升反降。特别是,基于我国的制造业和服务业的实际发展情况,制造企业转型面临的是"制造能力—服务环境双弱"的情境。一方面,我国制造企业自主研发能力和技术水平,与发达国家相比,仍有差距,未能掌握产品的核心技术,多数制造企业停留在制造生产环节;另一方面,我国服务业的发展水平也不强,无法有效地支撑制造企业的服务活动。在这样的情境下,我国制造服务化转型还需要经历长期的探索过渡阶段。这使基于西方"制造能力—服务环境双强"情境下得到的结论,很难简单照搬。

进而从理论研究上看,制造服务化这一课题在国内是相对较新的课题。国内学术界从 2007 年才开始对制造服务化这一问题予以重视,着手开始研究。有关研究主要分为两类:一是从产业层面,研究如何实现服务业和制造业的融合;二是从企业层面,研究制造企业如何实现从传统的产品提供商向服务商转型,由原来纯粹的产品转向"产品—服务包"。本书的研究重点是第二种,即在企业层面,研究我国制造企业如何依托和提升原有的制造能力,向服务型制造转型。

1.1.2 研究主题

本书围绕"制造服务化"主题展开,主要包括服务化的前因、结果,及其自身管理过程。具体地说,我们从制造服务化程度对企业绩效的影响角度,探究了制造服务化的结果;从与客户的相互依赖关系研究了制造服务化的外部前因;从企业内部前后台服务运作机制研究了制造服务化的内部前因;从制造服务化的资源管理过程剖析了服务化本身的转型机理。具体各子主题的逻辑关系如图 1-1 所示。

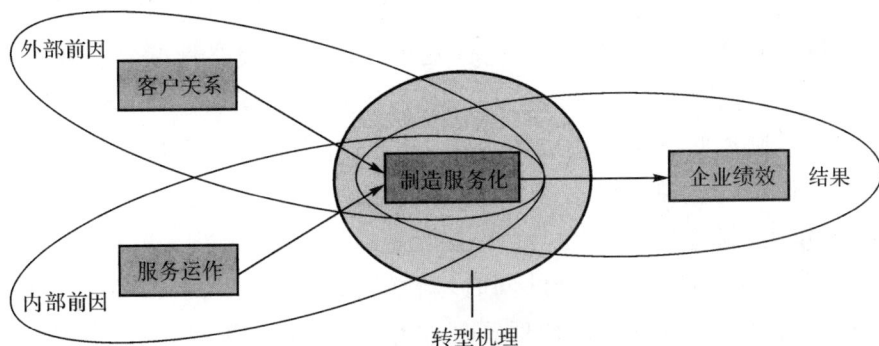

图 1-1　本书研究主题

第一,服务化绩效主题关注的是"服务化困境"。即刚开始人们认为制造服务化能给予制造业更广阔的利润空间,但在现实中却发现制造企业并不能轻易通过服务创新行为获取利润,甚至在一些阶段服务化不但没有促进企业绩效的提升,反而有一定的抑制作用(Gebauer, et al.,2005)。这一现象在装备制造业尤为明显。服务化困境的形态,分为 U形(先抑后扬)(Neely,2008;Fang, et al., 2008;曲婉等,2012)、倒 U 形(先扬后抑)(陈洁雄,2010)、马鞍形(先扬后抑再扬)(Kastalli, Looy,2013)三种绩效曲线。本书研究也证实了马鞍曲线是服务化困境的典型形态。

第二,服务化外部前因主题关注的是"制造商与客户的相互依赖"。直观上看,不同制造行业不同的行业集中度,导致制造企业与客户互动程度的差异,进而影响了企业服务化的进程。根据资源依赖理论,组织行动是管理组织外部环境的结果,可认为制造商服务化与客户的关系即是这些外部环境之一,需要实施有效的关系治理。即有效处理不同类型的客户关系——强势的制造商通过资源整合主动为客户创造价值,弱势的制造商利用强势客户的资源不断学习成长,促进制造服务化的顺利实现。

第三,服务化内部前因主题关注的是服务前后台运作逻辑对制造企业的冲击。具体地说,Davis 等在总结多家世界知名集成解决方案经验的基础上,提出"三部组织结构"(包括前台的客户中心,后台的产品中心和服务中心,战略中心),可以概括制造—服务集成的一般架构,但仍有不少问题悬而未决,如战略中心作用的发挥。我们注意到,制造企业也都像服务企业那样建立了自己的呼叫中心,我们特别运用界面管理理论,分析了制造服务化情境下,充分发挥呼叫中心战略性联结作用的机制。应该通过构建呼叫中心的服务能力,促进制造服务化的顺利实现。

第四,制造服务化转型机理主题则试图打开企业实现服务化转型过程的"黑箱"。由于制造企业特别是装备制造企业往往是重资产企业,企业规模较大,制造活动的组织管理已经占用企业的大部分资源,制造企业要在兼顾原本的制造活动的同时,新增服务资源,拓展服务活动,无疑是很大的挑战。此时,如何合理管理原有资源,融合新增资源,实现资源的组合和重构,成为制造企业能否成功转型的关键。本书在这一主题中主要运用资源基础理论对这一资源管理过程进行了较为细致的分析。

1.2　研究方法和对象

1.2.1　研究方法

本书采用定性的案例研究方法、定量的单因素方差分析和线性回归等研究方法。与研究主题对应的分布是:图 1-1 中的内部前因和转型机理两部分运用了案例研究,外部前因和结果两部分运用了定量研究方法。

首先,案例研究具体包括一项四个案例的跨案例研究、一项两个案例的跨案例研究。之所以以跨案例研究为主,是因为在案例数量的选择上,Eisenhardt(1989)极力推崇选取多个案例进行研究。她认为多案例研究能通过案例反复支持研究结论,从而提高研究的效度;另外她还认为多案例研究能够更全面地了解和反映案例的不同方面,从而形成更完整的理论。多案例研究法能使案例研究更全面、更有说服力,能提高案例研究的有效性。

多案例研究所遵从的是复制法则。案例分析可能产生相同的结果,即逐项复制,进行相似比较;也可能由于预知的原因而产生与前一研究不同的结果,即差别复制,进行差异化案例比较。考虑研究的时间期限较短且受研究人员数量的限制,我们遵循上述学者的建议,一般选择 2～4 个符合研究目的且具有典型性的案例,按照复制法则进行研究,希望能找到各案例间的相同点和差异之处。

其次,方差分析的基本思想,是通过比较组内变异和组间变异的大小,来判断处理因素的影响是否存在。其中,单因素方差分析主要判断由单一因素影响的、相互独立的因变量是否来自同一总体,这一判断通过比较该因素影响下各组的均值差异来实现(莫庆云,2005)。我们在第五章客户关系实证研究中设定了 3 个控制变量(行业因素、公司规模、关系时长),并采用均数间的多重比较方法来进行考察,以判断 3 个控制变量的影响。

第三,线性回归旨在检验确定型自变量与随机型因变量之间的因果逻辑关系。根据自变量的数目,线性回归可分为一元线性回归和多元线性回归。一般情况下,为确保剔除其他因素的影响,还会设置若干控制变量。由于线性回归要求数据总体满足正态分布,我们一般会对样本进行多重共线性、异方差、自相关三个方面的检验。在本书服务化绩效研究中,就是因为存在异方差现象,最终采用加权最小二乘法(WLS)进行回归。以及,对于存在中介效应的 A→B→C 的因果关系验证,需要同时验证 A→B、B→C、A→C 三组因果关系并对结果加以比较判断。本书第五章客户关系实证部分就是如此。

1.2.2 研究对象

本书具体的案例企业主要涉及浙江地区的友恒厨具、关爱食品、东海汽车、钱江控制、南方制造、神马监控等大型制造企业(均为化名)。这些企业分布在炊具制造、婴儿食品、汽车制造、工业控制、装备制造等不同产业。

友恒厨具是中国厨房小家电领先品牌,是中国最大、全球第二的炊具研发制造商,1994 年成立,2004 年上市,2007 年成为中外合资企业。关爱食品是中国三大婴幼儿基本营养食品专业生产企业之一,在中国高端奶粉市场占有重要位置,1992 年成立,2011 年上市。东海汽车是世界

500强汽车企业集团,连续9年进入中国汽车行业十强,1986年成立,2005年上市。钱江控制是中国领先的自动化与信息化技术、产品与解决方案供应商,1993年成立。南方制造是国内最大的空分制造企业,其产品属于国内空分行业一线品牌,2002成立,2010年上市。神马监控是我国安防产品主流供应商之一,2001年成立,2008年上市。

本书第三章服务化绩效研究还对2012年我国通用设备制造业、专用设备制造业、仪器仪表制造业、电气机械和器材制造业与汽车制造业的518家上市公司进行了研究。这些二手截面数据主要来自公司官方网站、相关行业研究报告、巨潮网、和讯网、CSMAR数据库、同花顺数据库等。第五章客户关系实证也是基于对浙江、北京、湖北、广东地区的机械设备、电子信息、工程建设等行业的企业问卷数据展开的。

1.3 研究内容

本书框架如图1-2所示,共分十章。包括第一章绪论、第二章文献综述、第三章服务化绩效、第四章客户关系模型、第五章客户关系实证、第六章前后台运作、第七章呼叫中心模型、第八章呼叫中心案例、第九章转型机理模型、第十章转型机理案例。其中,第一、二、三章构成第一篇企业绩效篇,第四、五章构成第二篇客户关系篇,第六、七、八章构成第三篇服务运作篇,第九、十章构成第四篇转型机理篇。第一篇研究了制造服务化的结果,第二篇研究了制造服务化的外部前因,第三篇研究了制造服务化的内部前因,第四篇则聚焦于制造服务化本身的转型机理(资源管理过程),试图打开制造服务化的"黑箱"。

第一篇　企业绩效篇

1 绪论

2 文献综述

3 服务化绩效

第二篇　客户关系篇

4 客户关系模型

5 客户关系实证

第三篇　服务运作篇

6 前后台运作

7 呼叫中心模型

8 呼叫中心案例

第四篇　转型机理篇

9 转型机理模型

10 转型机理案例

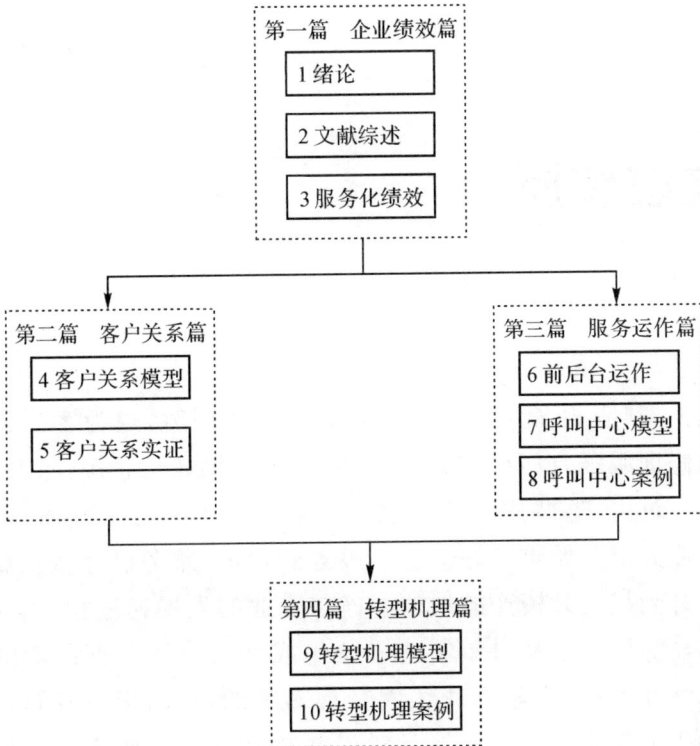

图 1-2　本书框架

2 文献综述

传统上,制造业在开发和生产有形产品的同时,也为客户提供产品的维护和修理服务,以及为客户企业的员工提供如何正确使用产品的培训服务。在过去,这些服务并非制造企业战略的核心。然而近年来,研究者和企业界都开始重新评估这些服务的价值,服务已经从从属和辅助的地位上升到战略性资产的地位。但与实业的发展速度相比,对此的理论研究明显滞后。虽然对于制造服务化或称之为服务型制造的研究国内外都已经开始,许多学者作了大量且多维的研究,但不管是在广度上还是在深度上都非常有限。并且对于制造服务化的研究以探索性研究为主,缺乏强有力的理论支撑。

本章主要就制造服务化研究的一般主题加以综述,具体包括服务化概念的变迁、企业服务化发展的一般过程、服务化的模式和分类、企业服务化的动因和障碍等。其他制造服务化相关主题的文献综述,如服务化困境文献综述、服务化机理文献综述等,将分别在第三章和第九章进一步给出。此外,本书研究运用了不少战略与组织、服务管理、创新管理的理论,具体包括资源依赖理论综述、资源基础观理论综述、资源管理理论综述、企业成长理论综述、服务前后台运作理论综述、界面管理理论综述等,将分别在全书各个相关主题章节中陆续给出。

2.1 服务化战略的内涵

服务化(servitization)一词最早是由 Vandermerve 和 Rada 于 1988

年提出的。国外学者一般使用 servitization，servicizing，tertiarization 等词汇来形容"服务化"，并且对"服务化"下了不同的定义，由此，"服务化"的内涵也在不断演变深化。目前比较权威的是以下三种定义。

Vandermerve 和 Rada（1988）对服务化的定义。Vandermerve 和 Rada 是最早提出"服务化"概念的。他们认为，"服务化"是指制造业企业由刚开始纯粹提供产品，或产品和相对独立的附加服务，逐渐向"产品—服务包"转变，而这个转变过程以客户为中心，提供完整的"包"，而且服务在整个"包"中居于主导地位，帮助企业实现差异化战略，是企业利润增加值的主要来源。相似地，Robbinson 等（2002）也认为，服务化就是整合产品与服务的包。大多数学者在后续的研究中都沿用这个概念。

White 等（1999）对服务化的定义。White 等（1999）从新的视角对"服务化"下了定义。他们认为产品不过是"服务的载体"，客户购买产品的最终目的是为了购买产品具有的功能或效用。基于此，他们从"产品的功能或服务"的角度出发，提出制造商应该由产品提供者向服务提供者转变，从而进一步深化了"服务化"概念。其中一个成功转型的例子就是施乐公司，它从复印机制造商成功地向"文档服务公司"转变。该定义将制造业企业重新界定为"服务提供商"，而不是产品制造商，说明了这种"功能服务"是企业获取价值和利润的来源。相似地，Fishbein 等（2000）、Lewis 等（2004）也同样认为"服务化"的实质就是将产品的功能提供给客户。换言之，企业销售的不是产品的所有权，而是使用权。

Szalavetz（2003）对服务化的定义。Szalavetz（2003）认为，制造服务化具有两层含义：一是内部服务。他认为企业内部服务，不仅包括产品开发、设计、岗前培训、价值链管理等，还包括组织开发和协调、人力资源管理、会计、法律及金融服务，这些内部服务的效率对制造业企业竞争力的影响越来越重要。换言之，企业竞争力来源不仅在于传统制造活动的效率，还取决于企业能否有效组织和提供内部服务。二是与产品相关的外部服务。基于客户需求不断向多样化方向发展，外部服务也逐渐转变为以客户需求为出发点，提供"产品—服务包"，该"包"不仅包括维护和修理，还包括物流运输、安装、技术支持、系统集成、融资等一系列服务，它赋予了产品新的价值。

以上是目前比较权威的三种有关"服务化"的定义。除此之外，还有很多国内外的学者对制造服务化的内涵提出了不同的理解和定义(见表2-1)。

表 2-1　制造服务化的定义

学者	服务化定义
Desmet 和 Gemmel(2003)	制造企业在提供物中加入越来越多服务成分的趋势
Robbinson 等(2002)	整合产品与服务的包
Lewis 等(2004)	试图改变产品功能的一种战略
Ward 和 Graves(2005)	制造企业不断增加提供服务的范围
Ren 和 Gregory(2007)	企业能力和过程的创新,旨在通过从卖产品向卖产品—服务系统的转变来为买卖双方创造价值
刘继国、李江帆(2007)	包含投入服务化和产出服务化两层含义,即制造业中的服务投入占全部投入以及服务产品占全部产出的地位的重要性
孙林岩等(2008)	服务与制造的融合,贯穿于设计、生产、加工、组织、营销等产业链的各个环节并以各种不同形态表现出来的较为深入的融合状态,具有整合、增值、创新三大属性

　　Ward 和 Graves(2005)提出,制造企业实施服务化,就是从原来的制造领域,向服务范围扩展,制造企业的服务能力进一步提升。因此,服务化表现为制造企业提供产品中的服务成分不断增加(Desmet,Gemmel,2003)。这种服务和产品的融合,使得制造企业和服务企业的界限越来越模糊(Ward,Graves,2005)。此外,制造服务化是企业的一种变革过程,这种变革的动力来自客户需求,而最终目的则是获取更高的竞争优势和提升企业绩效。与此同时,服务化也是企业能力和过程的创新,旨在通过卖产品向卖产品—服务系统的转变来为买卖双方创造价值(Ren,Gregory,2007)。周艳春(2010)在结合服务化问题进行研究的过程中,认为制造服务化是一种动态的转变过程,这种转变延伸了产品价值链,实现了企业由生产向服务的转变。

　　从企业价值链曲线的角度来看,其实可以简单地将制造服务化分为两个层次:一是上游服务化,即企业将获取服务的重点由传统的生产制造部分沿着价值链曲线向上游转移,强调制造之前服务要素的投入,比如加大带有服务要素的产品研发和产品设计等。二是制造企业向价值链的下游延伸,实现下游服务化,即企业输出的是"产品—服务包",而不仅仅是产品或服务,比如一些产品的延伸服务(会员制服务、主题活动等),以及更为个性化的服务(如融资、运输、安装、系统集成和技术支持等)。

2.2 服务化的研究视角

总体来讲,制造服务化概念以产品整合或产业整合、制造企业角色的转变、企业价值的转移等视角为出发点。

第一个视角基于产品整合或产业整合。从该视角出发,制造服务化被认为是产品与服务的整合,是制造企业由最初仅提供产品及与产品相关的服务转变为重视服务和提供"产品—服务包"的过程。这些整合后的以服务为主导的"集成包"包括了产品、服务、相关支持、自助服务和相关知识;这些服务包成为企业利润和客户满意度的主要来源(Vandermerwe,Rada,1988)。Berger 和 Lester(1997)认识到服务业在发达国家逐渐兴起的趋势,以及生产性服务业对制造企业增长所起到的促进作用,由此提出了"服务增强"的概念,认为制造与服务融合是产业发展的新趋势。此外,除了提供产品之外,制造商还可以通过提供服务以便更好地理解客户的总体需求,从而开发出新一代的产品(Kastalli,Van Looy,2013)。

第二个视角基于制造企业角色的转变。产品(包括实物产品和服务产品)或者产业(包括制造业和服务业)的融合同时意味着制造企业角色的转变。White 等(1999)从制造企业角色的角度来定义服务化,并指出服务化是制造企业由产品制造商向服务提供商的动态转变过程。角色的转变也意味着提供的"产品"、运作模式以及心态等各方面的转变,很多学者也基于这种转变来研究制造企业的服务化。

第三个视角基于企业价值的转移。根据服务对企业价值的贡献,有学者提出制造企业的服务化过程即是企业价值逐渐向服务转移的过程。Szalavetz(2003)提出这种转移体现在两个方面:一是企业的内部服务效率超过传统决定要素(如人力资源、企业技术、运作效率等)并构成企业的主要竞争力;二是对客户来说,与产品相关的外部服务复杂性和重要性日益提高。从企业价值转移的角度来研究制造服务化逐渐成为主流,因为它更凸显了客户对于企业的价值。

服务化被认为是客户驱动的，它旨在通过建立对竞争者、第三方及客户的壁垒来创造客户依赖，分化市场产品及扩散创新成果并以此达到驱逐部分竞争者、锁定客户及提高差异化程度的目的（Vandermerve，Rada，1988）。将服务与产品捆绑可以通过提高客户忠诚度和避免外包来分散风险、创造新收入渠道及提高企业议价能力，并以此产生股东价值和企业价值（Fang，et al.，2008）从而提高企业对环境变化的应对能力（Neely，2008）。具体来讲，服务化通过促进产品销售、延长客户关系和运用不同的现金流来平衡经济周期的影响，使企业更能应对成熟市场中的需求并以此创造成长机遇（Brax，Jonsson，2009）。Mathieu（2001）的类似研究提出了服务化可实现的三大好处（财务、战略和市场），并指出服务的提供不仅可以给公司带来利润（财务）并提高竞争优势（战略），还可以吸引更多客户并满足客户不仅限于维修或售后服务的全方位需求（市场）。另一些观点认为，鉴于服务化可以通过维修、升级及再制造等方式延伸产品生命周期，同时在这一过程中，物料和资源的消耗也被大大降低，事实上服务化比起传统的纯制造业来说对环境更加友好（Kastalli，Van Looy，2013）。此外，通过将服务与产品捆绑，企业可以有效利用跨越产品和服务之间的技术及市场能力，在降低生产成本的同时达到产品多元化从而实现范围经济（Gebauer，et al.，2008）。同时，在多数情况下，服务化还能实现企业的规模经济，因为擅长提供某些服务的制造企业往往会将其资源集中于这些服务提供上，如此一来，客户将不再寻求相对昂贵的自我服务而会选择这类企业提供的更加"物美价廉"的外包服务（Kastalli，Van Looy，2013）。

2.3　制造企业转型的服务模式及阶段

制造企业服务分类最早来自 La Londe 和 Zinszer（1977），当时他们只是将服务简单地分为售前、售中和售后服务。之后，基于制造企业服务特性，Boyt 和 Harvey（1997）将服务分为初级服务、中级服务、精细服务。Wise 和 Baumgartner（1999）进一步深化了制造企业服务模式分类，提出了嵌入式服务、全面服务、整体解决方案、控制分销渠道等四种模式,帮助企业获取竞争优势。

根据产品与服务的关系,Hockerts 和 Weaver(2002)认为,制造企业的服务化可以分为三类,即产品导向服务、使用导向服务、结果导向服务。Neely(2008)在此基础上,增加了"整合导向服务"。从制造服务化发展历程来看,制造企业的服务范式分别经历面向产品的服务、面向方案的服务、面向应用的服务、面向效用的服务四个阶段(孙林岩等,2008)。从服务在制造企业发挥的功能和角色来看,制造企业实施服务化所采用的模式可分为质量增强模式、功能外包模式、价值衍生模式三种(蔺雷、吴贵生,2008)。

基于转型程度的差异,戴志强(2007)提出服务模式可以分为三个层面:一是服务衍生模式,这种模式是对产品增加附加服务;二是服务功能业务化模式,制造企业通过提供专业化的服务产品来满足不同类型的客户需求;三是服务价值创新模式。随着服务化的推进,制造企业逐渐剥离了低价值的制造环节,向服务供应商转型,主要通过服务来为企业创造价值。从不同发展程度角度来讲,制造服务化实质就是服务业不断向制造业渗透,基于渗透程度的差异,来有为(2009)认为,制造企业发展模式可以分为三种:一是依托制造业拓展生产性服务业;二是通过企业再造和并购重组等方式,转变为一体化解决方案提供商;三是剥离生产业务成为服务提供商。罗建强、王嘉琳(2014)将制造服务化分为两个层面:一是通过非相关性的战略转型,完全剥离原有制造业务,仅向客户提供纯服务的解决方案;二是通过服务型制造(SOM),依托制造和为产品提供高附加价值的服务,向客户提供"产品—服务包"服务。

基于不同行业特征,制造企业将会选择不同的服务模式。从制造企业实现路径来看,安筱鹏(2012)认为,基于企业自身特征,转型的服务模式和实现路径可以分为四种:基于产品效能提升的增值服务、基于产品交易便捷的增值服务、基于产品整合的增值服务,以及从基于产品的服务到基于需求的服务。此外,从服务提供过程来看,制造企业要实现服务功能,既可以通过企业内部实现,建立服务型制造,这种内生服务活动取决于人员能力、内部营销、技术支持、知识管理;也可以通过与外部企业协作,建立网络伙伴关系,来实现服务活动(程巧莲、田也壮,2008)。从制造企业转型路径来看,简兆权、伍卓深(2011)基于企业价值链,提出转型路径可以分为四种:上游产业链服务化、下游产业链服务化、上下游产业链服务化和完全去制造化。国内外学者对制造企业提供的服务进行了分类(见表 2-2)。

表 2-2　制造企业提供的服务分类

学者	依据	类型
La Londe 和 Zinszer (1977)	服务提供时间	售前服务、售中服务、售后服务
Wise 和 Baumgartner (1999)	服务活动内容	嵌入式服务、全面服务、整体解决方案、控制分销渠道
Hockerts 和 Weaver(2002)	服务的导向性	产品导向服务、使用导向服务、结果导向服务
Oliva 和 Kallenberg (2003)	服务性质	产品相关服务、基于关系的服务、基于过程的服务、运营服务
Neely(2008)	服务的功能或导向性	集成导向 PSS[①]、产品导向 PSS、服务导向 PSS、应用导向 PSS、效用导向 PSS
蔺雷、吴贵生(2008)	服务发挥的功能和角色	质量增强模式、功能外包模式、价值衍生模式
孙林岩等(2008)	服务范式发展	面向产品的服务、面向方案的服务、面向应用的服务、面向效用的服务
Brown 等(2010)	产品与服务的关系	与产品相关的增值服务、与产品不相关的服务、服务引导型解决方案

注:①PSS 为产品—服务系统。

关于制造服务化的阶段研究,最早由国外学者 Vandermerve 和 Rada 等提出。他们认为,可以将制造服务化分为三个阶段,第一阶段:制造企业仅提供产品;第二阶段:制造业企业提供产品和附加服务;第三阶段:制造业企业提供产品—服务包。之后,White 等扩展了三阶段理论,提出了四阶段理论,即产品、产品和附加服务、产品—服务包、基于产品的服务或功能这四个服务化阶段。蔺雷、吴贵生(2008)进一步认为,服务在制造企业中的地位经历的阶段如下:一是附属阶段。制造企业的重点是生产高质量产品,服务被视为是制造企业产品的附加价值,并且认为服务是导致客户不满意的"保健因素",服务部门是"成本"的中心。二是提升阶段。制造企业在生产高质量产品的基础上,根据客户需要提供必要的客户服务,如产品安装、维修和后期保养等,这些服务要素是导致客户满意的"激励因素"。三是深化阶段。这个阶段服务与产品密切融合,由于制造企业向客户提供的是"产品—服务包",故服务成为企业产品战略的重要组成部分,且实现了对产品品牌的"内嵌",由此成为制造企业的一种重要的竞争手段。四是主体阶段。在该阶段,"以客户为中心"的理念贯穿于公司的各个业务环节,服务成为企业独立的业务和品牌,并转变为制造企业的利润与价值来源。相似地,有学者认为制造服务化是一个服务业务逐渐增强的过程,并且提出服务增强三阶段模型:第一阶段服务被视作产品附属;第二阶段服务与产品紧密结合,服务内嵌于品牌之中;第三阶段服务将被独立出来,构成企业利润的主要来源(王春芝等,2011)。

当然,制造服务化也可被称为"制造业服务增强"、"服务型制造"等。有学者基于服务在制造企业中发挥的作用,将服务增强划分为两个层面:第一个层面是基础性增强,侧重服务对产品竞争力的增强,指企业基于产品竞争战略的考虑,通过向客户提供广泛的、与产品相关的差异化服务来增强产品的竞争力。第二个层面是提升性增强,侧重服务价值的创造,指制造企业基于价值获取方式和发展战略转变的考虑,依托实体产品,将原来集成在产品中的知识、技能与其他要素进行分解和外化,形成各类高附加值的服务要素,通过向客户提供包含这些服务要素的"产品+服务包"或"纯服务(组合)"来实现价值获取的过程和结果(蔺雷、吴贵生,2008)。

但也有学者从制造与服务相融合,而非服务在制造企业中发挥作用的角度来看待服务型制造,认为服务型制造"是制造与服务相融合的新产业形态,是新的先进制造模式,是为了实现制造价值链中各利益相关者的价值增值,通过产品和服务的融合、客户全程参与、企业相互提供生产性服务和服务性生产,实现分散化制造资源的整合和各自核心竞争力的高度协同,达到高效创新的一种制造模式"(孙林岩等,2008)。

2.4 服务化动因机制

有关影响制造服务化的因素研究,我们基于不同的文献回顾和研究角度对其进行分析。基于制造服务化的概念、服务化的演进阶段、服务化的动力探源和服务化的障碍分析等综述,一些学者得出满足客户需求、创造竞争优势、增加经济收益、改善环境绩效是制造业企业采取服务化战略的原因(刘继国、李江帆,2007)。一些学者认为,制造服务化主要受到服务创新、客户需求、技术进步等的推动,以及宏观社会、经济、政策环境等的影响(曲婉等,2012)。另一些学者则认为,产业升级与产业融合的直接推动,规模经济及协同效应下的必然选择和企业强化竞争优势,以及实现稳定成长的现实需要,是制造服务化发展的动因(韩霞,2012)。还有从服务型制造(SOM)角度出发探索影响制造服务化的因素,指出人(终端客户)、企业、产业、政府是影响 SOM 实施的因素(罗建强、王嘉琳,2014)。

另一些学者则对制造服务化的影响因素及其实证研究进行了文献回顾,用制造服务化指数对 1995—2009 年主要国家服务化强度进行衡量,再基于基础模型和复杂环境影响下的模型进行假定,以 14 个具有代表性的样本国家进行回归分析,得出服务相对生产率、经济自由度、人力资本水平、创新能力、制造部门进口和出口比重等对制造服务化产出等因素具有明显的推动作用,而制造业附加值率、制造业投入服务化强度等因素对制造服务化有一定的抑制作用(黄群慧、霍景东,2014)。

概言之,制造服务化内在的动力原因主要在于以下几个方面:首先是市场竞争的需要。一方面,随着经济的发展,大部分客户不再满足于产品本身,而是需要更多的与产品相伴随的服务,制造服务化很大程度上受这种多样化需求的驱动,把提供物重新界定为产品—服务包,符合客户的期望,有助于满足客户的需求。这样,传统的主要通过核心业务活动满足客户需求的做法不再适用,企业的着眼点越来越多地放在建立和维持与客户的关系上,一个明显的趋势就是企业通过服务活动向分销链延伸。另一方面,随着生产力的提高和同质化产品的增加,客户变得成熟和有选择,服务化可以帮助企业增强差异化竞争能力。Robinson 等(2002)以化学品行业为研究对象,通过实证分析得出结论,在传统的成本导向的行业中,服务化战略是创造差异化优势的重要手段。

实施服务化战略还可以显著提高企业的经济效益。Oliva 和 Kallenberg(2003)指出,企业很多收益来自产品整个生命周期的客户群;服务通常比产品有更高的利润;服务提供了更为稳定的收益来源。另外,服务创造的利润远远高于产品创造的利润,因为服务不需要制造那么多的资源,更能为企业带来稳定的经济效益(Oliva,Kallenberg,2003;李随成、沈洁,2011)。

进入21世纪,随着环境污染的日益加剧,不可再生资源的日渐枯竭,人类面临巨大的环境挑战,制造业成为应对这一挑战的第一战场。同时,环保的压力与可持续发展的需求也迫使企业实施服务化战略。White等(1999)等通过案例分析得出结论,服务化战略在许多情况下都能带来环境收益,包括提高产品寿命、减少物料与能源消耗、便于回收利用,等等。

然而,Kastalli和Looy(2013)最近在对Atlas集团44个子公司服务化成效的研究中发现,如果企业只关注经营利润和市场份额,虽会提高短期收益,但终将出现盈利障碍,导致竞争力下降,陷入"服务化困境"的泥潭。与之相反,中国制造企业——陕鼓集团,在市场体系不完善、技术力量薄弱的情况下,充分考虑不断变化的市场环境、客户需求、组织机构和技术协作等因素,提出与市场环境共演的发展思路,取得了较大的成功(赵勇等,2012)。这也印证了Dimache和Roche(2013)的研究,制造服务化决策的制定要充分考虑不断变化的社会环境因素(政治动向、消费文化)、市场因素(客户需求、市场饱和度)、经济因素(制造业全球化、企业迁移)以及其他因素的影响,采用与市场环境共演的战略方法才能取得商业成功。刘继国、李江帆(2007)也表达了类似的观点,制造企业的服务化战略,是外部环境因素和内部组织因素共同作用的结果。因此,复杂动态的市场环境,使服务化的影响因素呈现出多元化趋势,需要综合考虑宏观环境和相关个体的作用因素。

3　服务化绩效[①]

　　制造服务化是全球制造业发展的基本趋势。我国正处于工业化中期阶段,制造业未来的市场空间主要是向高端提升以及向服务拓展。2009 年世界金融危机后我国制定的《装备制造业调整和振兴规划》明确提出:"围绕产业转型升级,支持装备制造骨干企业在工程承包、系统集成、设备租赁、提供解决方案、再制造等方面开展增值服务,逐步实现由生产型制造向服务型制造的转变。"这是我国装备制造业未来发展的长期方向之一。就制造业的发展情况来看,2013 年我国装备制造业产值规模突破 20 万亿元,占全球装备制造业的比重超过 1/3,稳居世界首位。但是,与发达国家相比,我国只是装备制造业大国,而非装备制造业强国,制造业还停留在传统的粗放型增长模式上。目前我国装备制造企业已积极投身制造服务化,有的已处于行业的前列。但不少企业也在一定程度上出现了服务化绩效低于预期甚至较差的情况,即存在"服务化困境"现象(Gebauer,et al.,2005,2012)。由于我国处于工业化发展的中期,一方面装备制造业的发展还不充分,另一方面生产性服务业的发展也不成熟。这使基于西方"制造能力—服务环境双强"情境下得到的研究结论,很难简单照搬。这正是本研究的出发点。

　　因此,要在"制造能力—服务环境双弱"的情境下谋求发展,就行业层面来讲,应该推进制造业和服务业的融合;就企业层面来讲,则应该推动制造企业"服务化"的进程,由"产品导向"向"服务导向"转变。基于

　　① 本章基于以下论文改写得到:李靖华、马丽亚、黄秋波:《我国制造企业"服务化困境"的实证分析》,《科学学与科学技术管理》2015 年第 36 卷第 6 期,第 36—45 页。

此,本章将以我国制造企业上市公司作为样本,探究在我国企业实施服务化战略对制造企业绩效水平的影响。事实上制造服务化转型的根本目的是帮助企业获取价值,所以制造企业在选择适合的服务模式后,会开展差异化的服务活动,逐步实现企业转型。本章的研究问题是,在这个过程中我国制造企业的绩效变化有何内在规律。

3.1 制造服务化困境

3.1.1 服务化困境及其形态

刚开始人们认为制造服务化能给予制造业更广阔的利润空间。但在现实中却发现制造企业并不能轻易通过服务创新行为获取利润。Chase(1981),Oliva 和 Kallenberg(2003)认为,从纯粹的产品制造商到服务的提供商之间,有一个过渡的过程。现实中这种现象较为普遍:众多制造企业开展了服务化,却发现很难从开拓的服务性业务中成功取得财务上的潜在收益。Gebauer 等(2005)把由于服务项目的开展造成比较大的成本开支,并且该投资未取得相应的回报,或服务性业务收益的增长未能达到预期目标的现象定义为制造企业的服务化困境。Neely(2008)也得出了类似的结论,并指出虽然将服务附加到核心产品供应中能够提高企业收入,但是这些企业的绩效却不如那些传统的坚持纯产品供应的企业的绩效高,在这一现象背后似乎隐藏着某种风险。具体来讲,Kowalkowski 等(2012)对服务化这一转变究竟可以在多大程度上被计划和实施提出了质疑。这是由于,在现实中,这一转变多数是反应性的或应激性的,并且大多数情况下,这一转变只有在服务业务已经拓展到一定规模时才会发生。基于 Vroom 的期望效价理论(Vroom,1964),Gebauer 等(2005)关于管理动机的三个因素及其自我实现的机理解释了制造服务化过程中认知错误造成的服务化困境:企业经理人对服务化的怀疑、对规避风险的偏好、对有形实物的心理依赖以及这些心理的自我实现,导致企业服务化不能得以切实推进。Gebauer 等(2005)同时也指出了企业文化与组织结构对服务化造成的障碍,并提出了相应的解决办法。

尽管企业深刻体会到了服务化的好处,但在现实中,只有很少一部分制造企业正在实施较高水平的深度服务化,其中成功的例子更是少之又少。这一情形使许多企业对采取服务化望而却步。由于服务的异质性和灵活性不同于传统制造业一贯通行的标准化和"效率第一"的目标,人们对服务及其相关价值一直存在一种文化和认知上的偏见(Bowen,et al.,1989)。服务化的平稳开展需要企业内外多方面的转变,比如组织结构、企业文化、资源配置、运营模式以及与内外部利益相关者的关系等。这一切意味着由服务化转变过程中的不确定性和复杂性带来的潜在风险。此外,在一定程度上,企业实施服务化的成功还取决于许多不可控因素,如整体产业环境,甚至全球经济或金融环境。

然而,企业仍然可以在很大程度上控制其行为导致的结果。Kastalli和 Van Looy(2013)将服务化过程分为三个阶段并阐释了服务化困境背后的潜在原因。他们指出:"服务销售与其利润之间可能存在一种以两个马鞍形呈现的曲线或三次方关系。"第一阶段始于无意识的服务化,当企业体验了服务化带来的利益后,他们将采取主动行动,努力通过更为深度的服务化来将曲线向上推进;然而,在第二阶段,由于投资的不断增加,企业利润被这部分增加的投资成本所吸收,这将形成向下的曲线;到了第三阶段,企业通过实现规模经济来达到利润的增长,同时,学习效应将在此阶段产生,最终曲线又将往上推进。因此所谓的"困境"实际上发生在第二阶段。

虽然案例研究在一定程度上均证明了服务化的巨大潜能,但由于企业在建立和采用服务化商业模型过程中面临的挑战,相关实证研究却产生了观点不同的结论。一些实证研究证实了服务化对企业利润产生负面影响,而更多相关研究则得出了服务化与企业经营绩效之间的 U 形关系,即只有在达到一定程度的服务规模之后,服务化的正效应才会重现(Fang,et al.,2008)。Fang 等(2008)通过分析 477 家制造业上市公司1990—2005 年的数据,以实证方式证实了"服务化困境"的存在。他们发现,制造企业的服务性收入与企业价值(以 Tobin's Q 值衡量)呈现 U 形关系,并且,当服务收入达到企业总收入的 20%～30%时,服务业务才会显著增加企业价值。然而,服务化对企业经营绩效的影响似乎随着产业的不同以及服务业务组合的本质与规模的不同而呈现不同的结果

(Fang,et al. ,2008)。Neely(2008)以 25 个国家的上市制造企业为研究对象,探讨服务化与企业经营绩效的关系,发现虽然提供服务业务的制造企业比起那些"纯制造企业"实现了更高的销售收入,但对服务化制造企业来说,其利润占总收入的比重仍低于传统的"纯制造企业",这可能是服务化所需要的高额劳动成本和运营资本所造成的。在大型制造企业中,情况更是如此(这意味着,对于大型制造企业来说,更好的选择也许是坚持传统的纯制造模式)。在现实中,大型制造企业在服务化转型的道路上比起小型制造企业更为困难重重。因此,Neely(2008)建议,鉴于来自思维模式和商业模式转换带来的巨大挑战,大型制造企业更需谨慎考虑是否实施服务化转型。陈洁雄(2010)在以上基础上更加深入地探讨了制造服务化与企业经营绩效的关系,以中国(418 家)和美国(609家)的上市制造企业为研究对象,通过将制造企业提供的与产品相关的服务划分为八大类型,得出了中国制造服务化与企业经营绩效呈现倒 U形关系,而美国制造服务化与企业经营绩效则存在正向关系。

3.1.2　服务化困境成因

虽然制造服务化的出发点是为了帮助企业获取价值,但是却存在很多问题和障碍。这里主要从企业内部和外部两方面概括。

从企业内部来看,以前销售有形产品的装备制造商向提供无形服务的服务商转型时,会存在主导逻辑转换的困难,进而影响服务绩效(Neu,Brown,2008)。

从经营成本来看,相对较高的劳动力成本,也可能阻止制造企业实施服务化战略。随着技术进步,制造低成本逐渐显示出来(Mont,2002),制造企业由原本的制造商向服务商转型,无疑需要增加人力成本,而这种服务需要的人力资本有时可能很高。此外,Mathieu(2001)指出,实现服务化转型会产生竞争成本,服务把制造企业带入新的竞争领域,为了在这个新的环境中生存下去,制造企业必须大量投入成本,构建服务能力,从而确立自身的竞争优势,而这个过程就给制造企业带来了沉重的成本。

在企业战略组合上,表现为制造资源与服务资源的冲突。由于制造资源与服务资源本身特性的不同,它们的管理机制也存在着差异。要使两者有效地融合,必须建立合适的管理机制,以有效地配置资源,否则将会出现资源重复、职能范畴重叠、资源无法有效支撑等问题(Gebauer,et al.,2010)。与此同时,由于制造企业的资源管理能力同时也表现为制造能力与服务能力的构建,而制造能力与服务能力内在存在冲突,制造企业如果不能调整好两者之间关系,对服务化转型会是个关键性的问题(安筱鹏,2012;赵立龙等,2012)。在企业组织行为上,则表现为组织文化的不适,传统的制造文化多表现为被动、规范、不灵活等特征,而服务文化多表现为灵活性、主动性、随机应变等特征。面对服务化的转型,企业可能出现职能生产制与前后台运作制的冲突,业务流程的冲突,即组织对变化的惰性抵制(赵亚普、张文红,2012)。此外,制造服务化转型出现绩效下滑,原因也可能在于制造企业没有很好地对服务化流程进行管理,即如何进行服务设计,如何通过计划、组织、执行来实现服务化转型(赵勇,2012)。

从企业外部来看,主要涉及客户、产业链、社会环境等方面对装备制造服务化的接受程度。一是制造企业要将长期形成的客户资源顺利地迁移到全生命周期服务,并不是一件易事(Roels,et al.,2010)。此外,客户对服务化产品未必能马上接受,他们更愿意接受有形实物产品,购买产品的所有权,对于服务产品需要一段时间的适应,客户对产品功能而不是产品所有权感兴趣并不总符合实际情况,因为客户的行为比期望更为复杂(James,Hopkinson,2002)。二是产业链各环节之间的关系,由于服务化转型,使得价值链中各企业之间存在利益冲突,也可能成为服务化的障碍,阻碍服务化战略的实施(Cooper,2000;Baines,et al.,2009)。三是社会环境制约着制造服务化的发展程度,如系统网络中的社会技术能力的丰富程度或可获得可能性,会调节服务提供与制造企业绩效之间的关系(胡查平、汪涛,2013)。

从风险成本来考虑,由于制造服务化相当于将资源从熟悉的领域投放到陌生领域,制造企业要承担一定程度的转换风险和机会成本,而且,服务化是将产品功能提供给客户,而产品成本由企业承担,制造商不愿意把这种成本内部化。再者,服务产品的收益存在滞后性,需要一定的回收期,制造企业前期需要投入大量的资源、资金,这就存在现金流不确定性问题(Oliva,Kallenberg,2003)。

总体来说,服务化战略的转型虽然可以给制造企业带来新的价值和利润,但同时对企业在服务人力培养、组织结构调整、资源的管理和整合、业务流程重构等方面都带来了挑战(Fischer,2010)。

3.1.3 服务化困境对策

　　学者们就克服服务化困境提出了许多建议。单纯将服务附加于现存产品的供应并不最明智,这常常会带来负面的财务绩效。通常,企业需要执行彻底且全面的组织变革(Parida, et al.,2014)。Cook 等(2006)从组织层面研究了服务化困境,认为任何计划采取服务化战略的企业都应做好应对重大变革的准备;这些变革包括了人力资源的优化、新部门的建立以及新专业支持的引入,所有这些都将消耗大量时间和资本。在文化方面,企业需要提高服务意识,认识到延伸服务业务带来的风险并相信服务能带来的经济潜力(Gebauer,et al.,2005)。从实际操作上,"为了确保持续性的客户导向的服务",Brax 等(2005)提出了"一种深度的正式信息系统及信息管理实践"。同时,企业需重视客户从其提供的"产品—服务包"中获得的总体效用,从而可以站在客户的角度作出决策并实现更有效的产品与服务整合。制造商应用客户的眼光来审视整个价值链(Wise,Baumgartner,1999),并通过观察客户行为及洞察其潜在需求来满足客户,从而为企业创造更多价值。由于现有生产过程与附加的服务之间不完全互补问题,服务化过程将面临一定反复。这就需要企业设立一个独立的专业部门或组织来全面负责服务的提供。同时,企业还需建立和施行一套全新的适用于服务导向的管理过程(Gebauer,et al.,2005;Oliva,Kallenberg,2003)。

　　如前文所述,在向服务化转型的过程中,企业初期会获得短暂的收益,这部分收益是由在现有产品供应中附加服务所带来的。之后,随着利润被日益增长的投资成本所吸收,收益将递减,这正是企业经历服务化困境的转折点。在此阶段,企业经历了一个利润瓶颈,如能克服某些障碍,企业利润最终将反弹并朝着良性方向发展。一旦企业通过强化自身各方面能力而成功跨越第二阶段的障碍,在实施服务化阶段所投入的资本终将转化为确保企业更可持续发展的规模经济(Kastalli,Van Looy,2013)。因此,在服务化初始阶段获得利益的企业,并不应过分乐观,相反,企业更应抱着谨慎的态度思考其在第二阶段能否凭其自身能力和潜力克服瓶颈。若企业对其自身能力尚缺乏信心,则应及时暂停服务化进度,待企业获得足够能力后再继续。这是因为服务化之路是一条不断磨炼企业能力的道路(Neely,2008)。

3.1.4 研究评述

就目前制造服务化转型的研究成果来看,主要还是以定性的案例研究方法为主,提出服务化转型有利于实现制造企业的差异化战略,帮助企业获取长期稳定的利润价值。但与此同时,制造企业转型也面临一些障碍,比如组织文化冲突、业务流程重构、经营成本增加等。即使是有限的实证研究,也受制于服务化程度难以衡量的障碍,不得不降低了数据测量的准确性,进而降低了研究的总体信度。本章拟结合服务数量(Neely,2008;陈洁雄,2010)和服务深度(孙林岩等,2008;安筱鹏,2012),构建一种更为准确的加权服务程度测度方法,在此基础上运用我国制造业 5 个子行业的上市公司数据对我国制造服务化困境的形态加以分析。

3.2 研究方法

3.2.1 样本选取与数据搜集

本章根据我国证监会新行业分类,以我国制造业 5 个子行业的上市公司作为研究样本。这 5 个制造业子行业分别是通用设备制造业(C34)、专用设备制造业(C35)、仪器仪表制造业(C40)、电气机械和器材制造业(C38)、汽车制造业(C36)。经查找,5 个行业上市公司数量为 518家。由于本章拟采用将服务数量与服务深度相结合的加权服务化程度测度法,较难获得企业在以前不同年份的服务数量和服务深度数据,故参考 Neely(2008)和陈洁雄(2010),采用横截面数据分析。我们广泛地搜集了 2012 年这 518 家上市公司的财务数据、企业服务相关的资料,并且对搜集的部分数据进行整理、编码,数据来源主要是 CSMAR 数据库、同花顺数据库、和讯网,以及企业官网。

3.2.2 研究变量的度量

（1）服务化程度

目前为止，国内外关于制造服务化的实证研究文献较少，多数是以案例分析为主，仅有的实证分析也是以问卷形式获取数据，用上市公司二手数据做实证研究的更少。原因之一就是服务化程度很难衡量，或是很难获取。由于公司对外披露的报表等信息中，没有对服务业务的收入或盈利情况的披露（Fang，et al.，2008），这就导致了本研究无法通过外部资料获取上市公司"服务销售"指标，作为服务化程度的衡量。

基于此，本章参照 Neely（2008）和 Homburg 等（2002），以及陈洁雄（2010）等的研究，并且进行了整合与拓展，对服务化程度的衡量采用了两个维度，即服务数量和服务深度。一方面，主要参照 Neely（2008）和陈洁雄（2010）的研究方法，采用服务数量作为主要衡量指标，解决了前面提到的"服务销售"数据无法获取的问题。本章将服务分为以下十类：产品技术服务（维修、维护、安装、检测等基础服务），咨询与培训服务，租赁服务，运营服务及工程，销售服务（包括分销、批发、零售、国际贸易），金融服务（为客户和分销商提供融资服务），代理中介服务，软件研发服务，设计服务（集成方案设计等），以及物流及运输服务。

另一方面，考虑到不同的服务本身的属性和深度是不同的，比如一般性的售后服务（维修、维护、安装等服务）与提供集成解决方案的服务，后者提供的服务深度更高。所以，本章在服务数量的基础上进行了加权，经过整合后我们最终将服务模式分为三类，并分别赋值1～3，作为服务深度对服务数量进行加权，由此，也弥补了 Neely（2008）和陈洁雄（2010）在指标衡量上的不足。本章根据制造企业服务发展演进阶段，将服务模式分为三类，即产品延伸服务（面向产品）、解决方案（面向方案）、功能性服务（面向应用），并分别赋值为1、2、3，将上述服务归类于三种服务模式的一种，作为服务深度，对服务数量进行加权。

需要说明的是，传统上认为三类服务模式从低到高的发展顺序是产品延伸服务（面向产品）、功能性服务（面向应用）、整体性解决方案（面向方案）（Neely，2008；孙林岩等，2008；安筱鹏，2012）。但本书作者在大量企业调研和企业文本分析中发现，解决方案、集成解决方案、整体性解决方案(面向方案)这类词汇在企业界的理解,与学术界并不相同。在企业界,它们往往是指根据客户个性化需要进行初步定制化设计等相对并不高级的服务化活动,也包括咨询与培训、金融服务、设计与开发服务等活动。相对而言,很多功能性服务(面向应用),如租赁、运营外包服务,则较好地体现了企业服务化的综合实力。因此,本文根据企业界的用语习惯,将三类服务模式从低到高的发展顺序调整为:产品延伸服务(面向产品)、解决方案(面向方案)、功能性服务(面向应用),具体如表 3-1 所示。

表 3-1 制造企业服务模式分类

服务模式	内涵	具体内容
产品延伸服务(面向产品)	制造企业将实物产品的所有权转移给客户,提供产品附加增值服务,但所提供的服务与产品直接相关	质保、维修、设备的安装调试、维护与保养服务、物流服务、零售与分销服务等
解决方案(面向方案)	针对客户个性化需求,在有形产品的基础上,为客户提供集产品与服务于一体的全面解决方案	定制化的产品设计、基础解决方案、咨询与培训、金融服务、设计与开发服务
功能性服务(面向应用)	实物产品的产品不转移,提供给客户一定时期内的使用权或直接提供给客户相关服务,从而实现产品的效用价值	租赁、运营外包服务

服务化程度的衡量如以下表达式:

$$Ser_m = \sum Q_{im} \times D_{jm} \quad (i \in [1,10]; j \in [1,3]; m \in [1,518])$$

式中,Ser_m 表示第 m 个制造企业的服务化程度;Q_{im} 表示制造企业服务数量(基于前面 10 种服务类别);D_{jm} 表示制造企业服务深度(基于前面服务深度的 3 种类别)。

具体来看,本章通过数据库和企业官网,搜集上市公司企业经营活动的"公司简介"及"经营范围",了解该上市公司是否从事服务活动,以及从事何种服务活动。比如,某上市公司披露经营范围是"微电子及光机电一体化产品的设计、生产、销售、维修、改造及服务;能源设备及石油机械自控系统的设计、生产、销售、维修、改造及服务;电气、机械、液压控制系统的设计、生产、销售、维修、改造及服务;机电安装;软件设计;节能减排整体解决方案的提供及系统集成;货物和技术的进出口经营"。可以看出,该公司除了生产和销售"微电子、光机电一体化产品、能源设备等"外,还提供"整体解决方案、软件设计、产品的维修安装等"服务。这样就可以基于上面的方法计算其加权服务化程度指数了。

（2）企业绩效

净资产收益率（ROE）是衡量企业经营成果及盈利能力的常用指标，它是公司税后利润除以净资产得到的百分比。这一指标能够较为综合地反映企业利润水平。因此，本章将采用净资产收益率（ROE）来衡量企业绩效。

（3）控制变量

本章设置了企业资产负债率、第一大股东持股比例、企业规模、企业主营销售利润率，作为本研究的控制变量，剔除了它们对企业绩效的影响。具体而言，资产负债率是指企业负债总额占企业总资产的比例。熊建萍（2013）对我国汽车行业的研究发现，资产负债率与企业绩效存在正向或负向的影响。第一大股东持股比例作为控制变量之一，主要是考虑到大部分制造业上市公司，股权相对比较集中，大股东的持股比例比较高，可能存在公司治理问题，从而会影响企业绩效。曾晓涛、谢军（2007）研究发现，第一大股东对公司绩效同时存在激励效应和壁垒效应，第一大股东持股比例与公司绩效呈显著的 N 形相关关系。企业主营销售利润率是指制造企业主营销售所产生的利润占企业总收入的比例，该变量旨在剔除制造企业业务制造销售对企业绩效的影响。企业规模用总销售收入表示，取对数。

基于上述对变量的选取与设定，本章最终的具体模型如下：

$$Performance_i = \beta_0 + \beta_1 Ser_i + \beta_2 Ser_i^2 + \beta_3 Ser_i^3 + \beta_4 Debit_i + \beta_5 Shape_i$$
$$+ \beta_6 Psale_i + \varepsilon_i \tag{3.1}$$

式中，$Performance_i$ 表示第 i 家制造企业绩效；Ser_i 表示第 i 家企业服务化程度；$Debit_i$ 表示企业资产负债率；$Shape_i$ 表示第一大股东持股比例；$Psale_i$ 表示企业主营销售利润率；$Size_i$ 表示企业规模；ε_i 为误差项。

需要特别说明的是，考虑到已有的文献研究发现制造服务化程度对企业绩效的影响存在正向、负向反复过程，可能呈现"马鞍形"曲线（Kastalli，Looy，2013），所以本章还设置了服务化程度的二次项（Ser^2）与三次项（Ser^3）。

3.3 实证分析

3.3.1 描述性统计

本章实证研究的样本企业共 518 家,覆盖我国制造业行业 5 个子行业,即通用设备制造业、专用设备制造业、仪器仪表制造业、电气机械和器材制造业、汽车制造业。样本企业开展的平均服务数量为 3.46,提供的服务数量总体来说不多,而且以简单基础服务为主,高端增值服务(如与产品技术相关的服务)的提供还是比较缺乏,这就可能导致制造企业提供的服务本身存在低端同质性问题。本章认为产生该问题原因在于:其一,我国企业原本的制造能力比较薄弱,自主创新和技术水平都还不够,这就导致企业无法依托技术来提升服务质量,即虽有"量"的增加,但没有"质"的提升。其二,服务本身是劳动密集型,存在"成本病",就是说劳动生产率提高缓慢甚至"停滞",缺乏规模经济,劳动成本的上涨直接传递为服务价格的上涨,但服务量并没有实质性增长(Baumol,1967)。在这种情况下,部分制造企业不愿意在服务方面投入更多的资本资金。

具体来看,我国制造业提供的服务种类及分布结构如表 3-2 所示。样本企业所提供的 10 种服务中,主要以产品技术服务(主要是维修、维护、安装、检测等基础服务)、销售服务为主,分别有 48.26% 和 95.75% 的制造企业提供该服务。究其原因可能有两点:其一,售后服务及销售服务其实是制造企业实施服务化战略的雏形,是制造企业着手开始服务的起步点。在现在服务经济主导的发展趋势下,制造企业必定会在这两个方面开始逐步提供一定的服务,从而提高企业与同行企业相比的竞争力。其二,制造企业最根本的目的还是制造销售,因此,该类企业最终的盈利点还是在于销售。销售是企业的直接利润来源,不论是否向服务化迈进,企业在不同层面上都要跟销售挂钩,制造企业内部的文化氛围还是以销售为主线。而无论是产品技术服务还是销售服务,这两类服务都与产品销售有着紧密联系,制造企业为了赢得客户或者与客户保持良好的长期合作关系,做好这两类基础服务是必不可少的。

表 3-2 服务化绩效研究企业服务种类分布(n=518)

序	服务种类	提供该类服务企业数量	提供该类服务企业比例(%)
1	产品技术服务	250	48.26
2	咨询与培训服务	190	36.68
3	租赁服务	89	17.18
4	运营服务及工程	160	30.89
5	销售服务	496	95.75
6	金融服务	7	1.35
7	代理中介服务	99	19.11
8	软件研发服务	283	54.63
9	设计服务	177	34.17
10	物流及运输服务	43	8.30

此外,除了这两类服务以外,有36.68%的制造企业提供咨询与培训服务,54.63%的制造企业提供软件研发服务,34.17%的制造企业提供设计服务,从比例上看,咨询与培训服务、软件研发服务、设计服务这三类服务所占比重也比较大,也是制造企业实施服务化战略的主要服务种类,并且从服务性质上要高于产品技术服务和销售服务。本章认为,之所以制造企业在这三种服务提供的比例相对比较大,原因在于本章选取的研究对象是重资产装备制造企业,主要生产的是大型复杂的机器设备,这些设备要求比较高的技术能力,需要专业的人才储备,有些大型工程甚至需要通过分包的方式集成完成。面对这样复杂的设备或系统,客户仅仅作为使用者,并不完全具备对该设备的技术素养。因此,很多时候需要制造企业的培训、咨询辅导,甚至需要制造企业派专人去现场支持。此外,这些装备制造企业本身的客户往往也是企业法人,他们对产品的需求呈现个性化、多样化的发展趋势,客户不再满足于企业提供的产品本身,而是希望企业提供与产品相伴随的服务,比如软件研发服务、设计服务,更加贴合他们的自身需求。例如,监控设备制造企业,他们的客户可能有银行、保安、超市卖场、交通部门,客户对监控器在监控角度、清晰度等方面要求各有不同,这就需要制造企业根据客户个性化要求,提供一整套的方案设计,并且需要专业技术团队除了研发基础核心技术

外,还需要加入辅助技术来满足客户需求。

服务化绩效研究相关矩阵如表 3-3 所示。

表 3-3 服务化绩效研究相关矩阵

变量	均值	标准差	ROE	Ser	$Debit$	$Shape$	$Psale$	$Size$
ROE(净资产收益率)	7.87	11.955	1					
Ser(服务化程度)	6.07	3.813	−0.013	1				
$Debit$(资产负债率)	39.85	21.972	−0.066	0.131**	1			
$Shape$(第一大股东持股比例)	34.90	16.141	−0.111*	−0.017	−0.002	1		
$Psale$(主营销售利润率)	7.48	19.604	0.553**	0.011	−0.348**	−0.029	1	
$Size$(企业规模,取对数)	21.56	1.168	−0.007	0.126**	0.451**	0.214**	−0.105*	1

注:* 在 0.05 水平(双侧)上显著相关;** 在 0.01 水平(双侧)上显著相关。

3.3.2 异方差检验

在进行回归分析之前,由于选取的样本企业来自于我国 5 个不同的制造行业,个体之间的差异较大,有存在异方差的可能性。因此,本章首先通过 Eviews 6.0 对模型进行异方差检验。本章采用 Glejser 异方差检验,异方差检验分析如表 3-4 所示。

表 3-4 服务化绩效研究 Glejser 异方差检验分析

变量	系数	标准差	t 检验值	显著性水平
常数项	−5.0601	6.5203	−0.7761	0.4381
Ser	2.3583	0.6452	3.6551	0.0003
Ser^2	−0.4469	0.0948	−4.7161	0.0000
Ser^3	0.0231	0.0039	5.8694	0.0000
$Debit$	0.0448	0.0185	2.4273	0.0156
$Shape$	0.0179	0.0212	0.8453	0.3984
$Psale$	−0.1274	0.0168	−7.5819	0.0000
$Size$	0.2324	0.3183	0.7302	0.4656

注:F-statistic:26.8301;$Obs*R$-squared:136.7836;$Scaled\ explained\ SS$:271.9386.

可以看出，$Obs*R\text{-}squared$，即检验统计量 $LM=n*R^2$，服从于卡方分布，其收尾概率几乎为 0，远远小于显著性水平 1%。此外，再看单个变量的 t 检验，可以看到服务化程度(Ser)的 t 检验在显著性水平为 1% 的条件下，仍然是显著的。由此可见，无论从模型整体统计检验，还是从单个变量 t 检验，我们都有理由拒绝原假设，认为残差存在异方差。所以，本章下面将用加权最小二乘法(WLS)对模型进行回归分析。

3.3.3　WLS 回归分析

为了检验我国制造服务化程度与企业绩效的关系，本章将采用模型 (3.1) 进行回归分析。此外，通过以上异方差检验，证实存在异方差现象，因此，本章最终采用加权最小二乘法(WLS)的回归分析方法，来消除异方差的影响。WLS 的回归分析如表 3-5 所示。

表 3-5　服务化绩效研究 WLS 回归分析

变量	系数	标准差	t 检验值	显著性水平
常数项	-33.5610	0.2866	-117.0916	0.0000
Ser	2.1737	0.0478	45.4693	0.0000
Ser^2	-0.4832	0.0087	-55.8595	0.0000
Ser^3	0.0243	0.0005	50.6987	0.0000
$Debit$	-0.0263	0.0014	-18.8144	0.0000
$Shape$	-0.1245	0.0012	-107.4725	0.0000
$Psale$	0.3935	0.0035	113.1790	0.0000
$Size$	1.9758	0.0152	130.3975	0.0000

注：$F\text{-}statistic$：75813.16；$R\text{-}squared$：0.9990；$Adjusted\ R\text{-}squared$：0.9990；$S.E.\ of\ regression$：0.3839；$Sum\ squared\ resid$：75.1823；$Log\ likelihood$：$-235.1246$；$Akaike\ info\ criterion$：0.9387；$Schwarz\ criterion$：1.0043；$Hannan\text{-}Quinn\ criter$：0.9644；$Durbin\text{-}Watson\ stat$：1.7715.

从以上回归结果我们可以看出，我国制造服务化程度与企业绩效呈现"马鞍形"的曲线关系，而非简单的线性关系。由表 3-5 可以看出，制造服务化程度的一次项(Ser)对企业绩效($Performance$)的回归系数是正数($\beta_1=2.1737$，$p<1\%$)，也就是说刚开始的时候(即在曲线第一区间)，随着制造服务化程度的提高，企业绩效有上升趋势。但是，随着服务化程度的进一步加深，服务化程度的二次项(Ser^2)的回归系数是负数($\beta_2=$

$-0.4832, p<1\%$),也就是说企业绩效对企业服务化程度的二阶导数是负数(见表 3-6)。此时,企业处于第二区间,随着企业服务化程度的加深,企业绩效不增反减,绩效开始下滑,从而出现"服务化困境"现象。然而,随着制造服务化程度再进一步加深,服务化程度的三次项(Ser^3)的回归系数是又变成了正数($\beta_3=0.0243, p<1\%$),企业绩效对企业服务化程度的三阶导数是正数(见表 3-6),也就是说企业成功地克服了"服务化困境"区间。进入第三区间,企业出现范围经济,企业绩效又再次上扬,说明企业绩效与服务化程度并不是简单的曲线关系,而是"上升—下降—再上升"的"马鞍形"曲线关系。

表 3-6　制造服务化对企业绩效的影响——"马鞍形"曲线

曲线区间	多阶导数公式	曲线走势
第一区间	$\dfrac{\partial' Performance}{\partial ser}=\beta_1+2\beta_2 Ser_i+3\beta_3 Ser_i^2, \beta_1>0$	↗
第二区间	$\dfrac{\partial'' Performance}{\partial ser}=2\beta_1+6\beta_3 Ser_i, \beta_2<0$	↘
第三区间	$\dfrac{\partial''' Performance}{\partial ser}=6\beta_3, \beta_3>0$	↗

3.4　结论

3.4.1　讨论

本章的研究主要是关注制造企业的服务化程度对企业的绩效影响,之前已有学者提出过 U 形曲线,即先抑后扬过程(Neely,2008;Fang, et al.,2008)或倒 U 形曲线,即先扬后抑过程(陈洁雄,2010)。但是,本章同意 Kastalli 和 Looy(2013),以及肖挺等(2014)的观点,认为制造服务化程度对企业绩效的影响呈现反复的过程,即"马鞍形"曲线。因此,本章通过对我国 5 个制造行业的上市公司进行回归分析,验证了制造服务化程度对企业绩效的影响是"上升—下降—再上升"的过程,从而验证了"马鞍形"曲线的假设。也就是说,我国制造企业在实施服务化的战略过程中,存在着一段时间内的"服务化困境"(Gebauer, et al.,2005)。在这个区间内,制造企业并不会因为本企业服务化程度的加深,而帮助企业获取更多收益,相反,甚至可能导致企业绩效下滑,违背了最初企业实施服务化战略的目的。这就使得许多制造企业的管理层在制定是否实施服务化战略决策的时候,犹豫不决,不愿意大力推进服务化战略。或者,部分制造企业宁愿通过提供一些简单基础服务,停留在前期低端服务阶段,确保企业绩效不出现下滑,也不愿意推进服务化进程,冒险进入"服务化困境"区间。

本章认为产生这种情况的原因在于以下三个方面。

第一,国内外制造业和服务业的发展程度不同。我国目前处于"制造能力—服务环境双弱"情境,而相比之下,国外无论是服务业,还是制造业,都远胜于我们(陈洁雄,2010;綦良群等,2014)。我国制造企业的自主创新能力不强,技术水平不高,尤其是一些核心技术仍然依赖国外。在这种情境下,对于制造企业来说,首要的还是集中资源研发核心技术,提高制造能力,所以制造企业只能将其有限的资源配置用于服务方面(Ceci,Masini,2011)。这样一来,既导致制造企业由于要兼顾制造和服务两块内容,资源不足,出现"捉襟见肘"的现象;又导致制造企业服务只有"量"的提高,没有"质"的突破,无法形成服务可能带来的增值价值和差异化优势。

第二,服务本身是劳动密集型。传统劳务型服务缺乏规模经济,技术含量较低,劳动生产率提高缓慢,而信息服务等现代服务业却具备技术含量高、规模经济显著、劳动生产率高等特征。反观目前我国制造服务化情况,由于刚刚起步,所以主要提供的还是以低端服务为主,技术含量低,属于传统的劳务型服务,无法形成规模经济,就可能存在"成本病"(Baumol,1967)。也就是说,劳动生产率提高缓慢甚至"停滞",缺乏规模经济,劳动成本的上涨直接传递为服务价格的上涨,但服务量并没有实质性增长。在这种情况下,部分制造企业不愿意更多地在服务方面投入资本资金。此外,由于产品—服务系统具有成本弱增性,产品—服务系统越复杂,通过企业资源的共享,成本弱增性越强,就会产生范围经济,从而减低服务成本(安筱鹏,2012)。我国制造企业提供的一整套产品与服务的组合(产品—服务系统)相对比较简单,产品与服务的紧密性和相关性不强,从而使得制造企业陷入"高成本,低收益"的困境中,无法实现范围经济,降低服务成本。因此,我国制造企业应该加深服务化进程,提供"产品—服务包",而非仅仅是简单的附加服务,这样既可推进制造服务化进程,又能帮助企业尽快走出"服务化困境"区间。

第三,服务需求不足,服务能力不强。我国服务环境较弱,人们服务意识不强,许多客户存在"重产品,轻服务"的意识,他们更看重制造企业产品质量及价格,而非服务本身。市场需求是拉动企业利润及其增长的关键,而我国服务需求明显不足。这样一来,即使制造企业提供服务,也未必能实现产品的差异化,激发客户的忠诚度,从而建立长期合作关系(Brax,Jonsson,2009;李靖华、朱文娟,2014)。制造服务化的动力来自客户市场需求的变化,客户服务需求的不足,直接影响了制造企业的收益,使得企业陷入"服务化困境"中。此外,我国服务业水平本身不强,所以,制造企业发展服务原本就是在并不扎实的服务基础上进行的,再加上我国国情,资金投入服务业机会成本大于投入制造业的机会成本(刘培林、宋湛,2007),导致制造企业一方面无法有效地提供优质服务,另一方面服务需求不足,服务收益见效缓慢,使得企业可能长时间处于"服务化困境"中,最终放弃服务化战略。

3.4.2 管理启示

基于上述实证结果与讨论,本章针对我国制造企业实施服务化战略,提出以下建议。

第一,根据企业自身情况,选准实施服务化时机和做好面对服务化困境的心理准备。服务创新是制造企业未来发展的必然趋势,也是制造企业为了满足客户需求,构建企业可持续竞争优势的关键。但是企业何时开始实施服务化战略,结果是不同的。通过以上分析我们可以得出,从事服务化容易分散企业资源,企业在各方面的资源积累也难以支持服务项目的开展,而且服务化对企业自身效益的贡献也不会很显著,从而使得企业陷入"服务化困境",甚至怀疑"服务化战略"本身正确与否。当企业以为制造服务化比制造高端化更为容易而心理准备不足时,极易产生这样的动摇。所以,制造企业在选择服务化时要注意匹配自身条件,如果自身资源能够支持服务化,而且预期服务项目能够给企业带来比较明显的效益再实施服务化,这样可以减少服务化带来的风险。

第二,促进企业文化转型,做好企业转型的心理准备。制造企业本身以"制造文化"为主导,企业资源倾向于制造,认为服务只是依附于制造的附加品而已。其实不然,根据前文的分析,我们可以发现,制造服务化是想通过提供"产品—服务包"来实现差异化战略,从而帮助企业获取价值,简单的附加服务,并不能真正帮助企业摆脱产品同质化现象,企业还是停滞于初期低端服务阶段。所以,必须将产品与服务有机地整合起来,形成"包",将服务提升到与制造同样的高度,实现"两手抓",既抓好制造,又融入服务。

第三,加大推进服务化程度,才能真正克服"服务化困境",实现企业盈利。从以上的分析中我们发现,服务化是一个长期的过程,并不是立竿见影能够快速出成绩的,甚至中间一段时间会出现"服务化困境"。这时候,企业不能因为畏惧"服务化困境"区间,而止步于前期简单的服务阶段,这样根本无法帮助企业获取竞争优势。相反,制造企业应该大力推进服务化进程,加深产品和服务的融合,建立较为复杂的产品—服务系统,从而实现范围经济。

3.4.3 展望

从动因上看,制造服务化的难度要远远低于制造业高端化,这往往成为我国制造服务化的主要动因之一。但是,随着制造服务化程度的加深,往往会出现所谓的"服务化困境",企业绩效不升反降。从环境上看,由于我国处于工业化发展的中期,一方面装备制造业的发展还不充分,另一方面生产性服务业的发展也不成熟,这使基于西方"制造能力—服务环境双强"情境下得到的研究结论,很难简单照搬。从学术研究上看,对制造服务化的研究一直受制于对企业服务化程度的测量方法,已有的财务披露数据、问卷调查数据、服务项目计数等均存在不同的缺点,不能有效支撑实证研究。

本章主要参照 Neely(2008),Homburg 等(2002),以及陈洁雄(2010)等的研究,创造性地从服务数量和服务深度两个维度衡量企业的服务化程度,并在此基础上建立了单一的加权服务化程度指标。基于我国通用设备制造业、专用设备制造业、仪器仪表制造业、电气机械和器材制造业与汽车制造业518家上市公司数据,我们发现,我国制造服务化程度与企业经营绩效确实呈"马鞍形"曲线的关系。当制造企业初步实施服务化时，企业绩效有小幅度的上升；但当服务化程度进一步加深时，企业绩效不增反降，即出现了"服务化困境"；直至企业服务程度再进一步加深，有效降低服务化成本，企业绩效才又呈现正向上升趋势。

第二篇

客户关系篇

KEHU GUANXI PIAN

4 客户关系模型[①]

　　制造与服务的融合正在成为国际上产业发展的一种趋势,世界高收入国家服务业增加值占国内生产总值比重逐年升高,制造与服务融合型的企业占制造企业总数的比例也在逐年攀升。而我国制造服务化的进程远远落后,从 2009 年的调研数据来看,具备服务型制造能力的企业仅占所有企业的 2.2%(张德存,2010)。之后我们以我国上市公司年报为数据来源进行预调研,发现制造商服务化进程在企业兴起的时间和规模更存在行业差异,如在通信行业兴起的时间就比机械行业更早,传播范围更广。

　　这种行业上的差异进一步启发了我们,正是我国通信行业与机械行业不同程度的行业集中度,导致了不同行业制造企业与客户互动程度的差异。这种互动程度的差异,影响了企业服务化的进程。这种企业与客户的互动,即可以理解为企业与客户的关系。组织间二元关系的研究一直是管理学研究的核心,其中资源依赖理论是其理论研究的基础之上。根据资源依赖理论,组织行动是管理组织外部环境的结果,可认为制造服务化是管理制造企业外部环境的结果,其中与客户的关系即是这些外部环境之一。

　　制造服务化过程中,如何处理与客户的关系,如何有效利用自有资源与客户资源,实现企业内外资源的有效整合,是制造企业面临的新课题。以往的技术领先模式可能不再有效,通过走向服务型制造这一新型制造模式,制造企业可以创造新的利润增长点。如何处理不同类型的客

---

　　①　本章基于以下论文改写得到:李靖华、朱文娟、毛俊杰:《制造商—客户关系对制造商服务化进程的影响:基于资源依赖理论》,《商业研究》2013 年第 10 期,第 88—95 页。

户关系,强势的制造商如何通过资源整合,主动为客户创造价值;弱势的制造商如何利用强势客户的资源,不断学习成长。不同关系状态下的客户关系,会对企业服务转型产生何种影响。因此,本章和下一章将基于资源依赖理论,从组织的外部视角,采用问卷调研方法,以制造业为研究对象,来研究制造商与客户间关系对制造商服务化进程的影响,以期为我国制造企业进行有效的关系治理提供借鉴。

4.1　组织间关系

4.1.1　组织间关系的谱系图

组织间关系的研究,起源于资源依赖理论,随后研究的重点也从依赖和权力进一步拓展到信任和承诺(Daft,1983)。对于依赖和权力将在下文对资源依赖理论部分的综述中进行详述。目前比较公认的对组织间关系的定义,是两个或多个企业组织之间出现的相对持久的资源交易、资源流动和资源联结(Olive,1990),战略性资源共享是组织间关系作用的基础,信任和承诺逐步演变为组织间关系的核心,网络环境是组织间相互作用的基础环境(王作军等,2008)。不同的依赖程度和持续的价值整合过程构成了不同的组织间关系(任浩,2011)。

组织间关系可分为市场交易关系和非市场交易关系,其中市场交易关系有清晰界面,而非市场交易关系边界较模糊。非市场交易的企业关系又可称为中间组织或准市场关系(江若尘、陈宏军,2008),这种中间组织由罗珉(2007)最先提出。他认为,除了"市场与企业"外,还应有第三种模式——企业之间共同创造价值的中间性组织,如战略联盟、价值网络、价值星系等。江若尘(2008)进一步提出存在于企业之间关系的谱系图,从垂直一体化关系到纯粹的市场化关系。

在市场交易的企业关系中,企业边界主要由土地、劳动、资本等有形资源所决定;而在中间组织关系中,企业的核心能力决定了企业的生产可能性边界。企业的核心能力不仅由有形资源决定,更由无形资源如知识,特别是隐性知识所确定的能力边界所决定。企业组织的概念已经扩大到包含组织外部的商业伙伴——供应商和客户在内(江若尘,2008)。

4.1.2 从二元关系到多元关系

从研究范围来看,组织间关系的研究,经历了从二元关系到多元关系的变化。交易成本理论、资源依赖理论大多关注二元组织关系,二元跨组织关系的属性有信任(如 Cheung, et al. ,2010;Jean,et al. ,2010;Selnes,Sallis,2003)、组织之间的互补性和相容性(如 Cheung, et al. ,2010;Myers,Cheung,2008)、互相投资(如 Cheung, et al. ,2010;Myers,Cheung,2008;Wu, et al. , 2006,2011;Selnes,Sallis,2003)、协作承诺(如 Selnes,Sallis,2003)和相互依赖(Eng,2005;苏芳、毛基业,2012)等。江若尘(2008)根据 Wish 等(1976)对人际关系定义的四维度(双方在关系中的地位、关系性质、双方依赖程度,以及关系理性程度),进一步提出了企业间关系的四维度:关系中的地位、关系的性质、关系双方相互依赖的程度,以及关系的理性程度。

社会网络理论,则着眼于三元及多元组织关系研究,三元关系组是构成社会网络的基本结构。社会网络研究比较关注的一个核心变量是关系强度,关系强度一般从四个方面进行衡量:关系时间、情感强度、亲密程度和互惠程度(Granovetter,2005),它反映了特定关系的双方通过该关系所传递的信息量(Burt,1997)。而三元关系组多为闭合环形关系,即当同时存在两个强关系时,另一个关系不允许为空,而弱关系则不具有此效应,会存在结构洞(姜翰,2008)。

4.1.3 关系行为

在研究关系对组织绩效的影响时,众多学者开始注意到存在更多的中介变量或调节变量。关系行为是指商业关系中某一方在商业互动中表现出的行为,随着关系交换、关系营销理论的发展,对权力和冲突的关系行为研究,逐渐转变为基于信任和承诺的关系行为研究(严兴全,2009)。联合依赖(joint dependence)在影响供应商与制造商间的采购关系时,受到联合行动(joint action)、信任、信息交换的范围和质量的调节(Gulati,2007)。企业通过两类关系价值机制(relation value mechanism)获取关系租金,一类是联合价值创造(joint value creation),一类是价值获取（value appropriation）（Bae，Gargiulo，2004）。其中联合价值创造，在行为层面上又体现为企业的关系治理行为，主要包括联合求解（joint problem solving）和联合规划（joint planning）（Claro，et al.，2003）。关系强度通过影响关系价值机制，进而影响关系价值（姜翰，2008）。供应商在与客户合作的过程中，通过关系学习提升自身的运营能力（苏芳、毛基业，2012）。

4.1.4　关系学习

关系学习理论最早是从组织学习理论独立出来的，从 Heide 和 John（1990）提出关系治理观点（relational governance perspective），到 Hallen（1991）和 Hakansson（1995）提出相互作用的观点（interaction perspective），到最后 Selnes 和 Sallis（2003）最终明确提出关系学习理论，共经历了近 20 年的发展历程。此后，学者们大多在 Selnes 和 Sallis（2003）的研究基础上对关系学习理论进行解读。关系学习理论是关系营销领域的重要理论之一。Selnes 和 Sallis（2003）对关系学习理论的阐述，主要分为两个重要部分：首先，关系学习是组织学习的一种特定表现形式；其次，关系学习是供应商与客户之间的联合行动，关系双方通过信息共享与共同解读，形成特定的关系记忆，这种关系记忆将影响未来的组织行为。Selnes 和 Sallis（2003）将关系学习分为三大维度：信息共享（information sharing），联合创造感知（joint sense-making），以及整合入特定的关系记忆（integration into a relationship specific memory）。总的来说，关系学习与组织学习最大的不同在于，强调关系双方的共同参与，仅一方的参与是无法构成关系学习的。因此，关系学习的这一特性，决定了它特别适宜于研究组织间的二元关系，同时又与基于知识的理论有共通之处，双方都强调知识的共享与整合。

4.2　资源依赖理论

4.2.1　资源依赖理论的内涵

　　自 Pfeffer 和 Salancik(1978)发表《组织的外部控制:资源依赖视角》以来,资源依赖理论(resource dependence theory,RDT)就成为组织理论和战略管理领域最有影响力的理论之一。到目前为止,资源依赖理论已经经历了 30 多年的发展,它成功接受了现实的检验,形成了完善的理论体系和辉煌的理论成果。

　　资源依赖理论,将组织看作一个开放的系统,认为组织不可能自己拥有全部的资源,组织要生存,必须从外部获取资源。组织与其他社会参与者相互依赖,其他社会参与者构成组织的环境,这种环境的偶然性和不确定性对组织的生存提出挑战。资源依赖理论的要点如下:第一,组织是理解组织间关系和社会的基本单位;第二,这些组织并不是自给自足的,而是与其他组织一起,被限制在相互依赖的网络之中;第三,相互依赖,决定了组织必须对其他组织的行为作出反应,这就造成了组织环境的不确定性,影响组织的生存与持续成功;第四,组织采取行动管理外部环境的不确定性,但这些行动往往不会完全成功,这会导致新的依赖和不确定性;第五,这些依赖产生了组织间和组织内的权力,权力最终影响组织的行为(Pfeffer,Salancik,2006)。

　　资源依赖理论与交易成本理论最大的区别在于,组织行为是否出于利润或效率的考虑(Ken,Michael,2010);与制度理论和组织生态学的区别在于,资源依赖理论认为环境是可以改变的(Pfeffer,Salancik,2006);与资源观的区别在于,资源观更强调如何最大限度地利用组织内的资源以获取可持续竞争优势,而资源依赖理论则强调组织必须从外部获取资源,关注资源获取的不确定性,以及对这一不确定性的管理(Scott,2011)。

4.2.2 资源依赖理论的基础:资源

资源是组织生存的基础。资源分为需要从外部获取的资源和内部的资源。不同于资源基础观,资源依赖理论重视从外部获取资源,其认为一切对组织生存十分重要的要素都可称为资源。比如社会合法性就是组织的重要资源,因为合法性提供了组织获取关键资源的途径,合法性组织被认为值得信任,组织能利用这种信任获取关键资源(Walker,et al.,2011)。区别于资源应用,使既定资源产出最大化,资源依赖理论认为组织同时面临资源利用和资源获得的问题(Ken,Michael,2010)。

4.2.3 组织间的二元关系:依赖与权力

资源依赖理论是解释形成组织间关系的有效方法(Pfeffer,2006)。值得一提的是,这里所指的关系(relationship),不同于我国社会学与管理学中的关系(tie),即"熟人关系、家人关系、生人关系"等(Yang,1993;姜翰,2008)。组织的生存依赖于与多种环境因素进行资源交换,如供应商、买家、竞争者和管制者等,组织通过依赖他人获取资源(Zaheer,et al.,1998)。这些资源交换行为,构成了组织间的相互依赖。

资源的关键性和资源提供者的可替代性共同决定了依赖(Pfeffer,2006)。依赖的不对称性和联合依赖就是这两者的函数。依赖不对称,是动态交换关系中的一方依赖另一方的差异;联合依赖,是双方关系的依赖总量。研究影响联合依赖绩效的特定嵌入因素:联合行动,信任,以及信息交换的数量和规模。联合依赖加强了制造业的采购关系,这一效果被联合行动程度和信息交换数量所调节(Gulati,2007)。高度的依赖关系,导致组织间的关系越来越不机械化(Hsiaoa,et al.,2005),行为者为维持平滑关系不断下赌注(Leelamanie,Karube,2009),而不断提升的关系渊源,又导致了联合行动的提升,以及更高的信任度和更多的动态信息交换。

Emerson(1962)最早对权力进行了定义,权力隐匿在对方的依赖中,权力是特定需求和资源的函数。这包含了权力的三个属性:关系性、情境性和倒易性。权力又可理解为产生影响的潜力,它来自其中一方对另一方所控制资源的依赖(Scott,2011)。Emerson(1962)运用这些概念分析个体行动者之间的权力关系,而 Pfeffer(1987)将分析的层面提高到组织层。了解两个组织之间发生多少交换,各自拥有多少替代,就可以精确地推断它们之间的权力互依关系(Lawler,Yoon,1996)。Casciaro 和 Piskorski(2005)作了进一步补充,将权力不均衡定义为"两个组织间权力的差异",将相互依赖定义为"组织间依赖的总和",研究发现相互依赖会促进组织间联盟的形成,而权力不均衡则会阻碍联盟的形成。

4.2.4 组织间的多元关系

随着研究的进一步深入,研究发现组织开始构建多重资源依赖关系,以降低对环境的完全依赖(Hambrick,et al.,2005),组织间的关系扩展为多边结构。组织可能会运用一个组织间关系网络来赢得权力和获取资源,组织会通过构建组织关系网,从第三方赢得权力和获取资源(Bae,Gargiulo,2004)。特别是一些小企业,为了防止被"大鲨鱼"吞噬,需要通过组织间关系获取资源(Katila,et al.,2008)。

4.2.5 组织管理互依关系的对策

资源依赖理论通过三个核心观点,解释了组织如何管理自己同其他组织的关系(Pfeffer,2006):(1)社会情境的作用,组织的行为是对其他组织的反应;(2)组织拥有不同策略,增强自己的独立性和利益;(3)权力是除理性和效率以外,理解组织内部活动和对外行动的又一重要因素。

资源依赖理论提出两个解决资源限制的主要策略:(1)获取关键资源控制权,以降低对其他组织的依赖;(2)获取资源控制,增强其他组织对自己的依赖(Barringer,Harrison,2000)。面对资源限制,组织可以采取单边战略和双边合作。单边战略,即绕开现有的资源限制,包括转移资源兴趣、培养替代供给、结成联盟等;双边合作,包括交换身份、友谊、信息等(Casciaro,Piskorski,2005)。

组织一般采取三个战略重构与环境的相互依赖:(1)深化自己的控制力;(2)让他人对自己依赖;(3)减少单一依赖。具体对策如下(Scott,2011):

第一类,最简单的对策,即将自身变大,产生规模效应;或者寻找、培养替代资源供给方。

第二类,桥联机制(二元关联)。①共同决策。现在组织界实践已经很少。非营利性组织中,横向合作多,而营利性组织中,大多禁止横向合作。②联盟。③合并与收购。④价值链上下游间的纵向整合。⑤功能相似组织间的横向合并。⑥不同经营领域组织间的多元化收购。一般来说,所收购的对象既不是交换伙伴,也不是竞争对手。但合并与收购,往往意味着股价下跌,利润下降。

第三类,集体行动,比如组建协会或求助国家。

4.2.6 文献评述

通过以上文献回顾,我们可以肯定资源依赖理论对组织间关系研究的适用性,但在具体应用上存在不足,以及现有的对制造服务化研究的不足。主要结论如下:

第一,资源依赖理论已经形成十分成熟与完善的理论体系,十分适用于研究组织间关系,特别适用于研究制造商与客户关系这种二元组织关系。资源是组织行为的基础,组织的生存需要从外部获取资源,资源交换构成组织间依赖关系,权力是依赖的函数,围绕着权力产生一系列的组织行为。所以理论上一切组织行为都能从资源依赖的角度展开研究。另外,由于资源依赖理论着重探索环境对组织的影响,以及组织对环境的反应,所以资源依赖理论格外适用于研究组织间关系与组织行为之间的相互影响。而营销学者们对于组织间关系的研究,则进一步证实了资源依赖理论。正如文献中所述,组织间关系的基础是资源,信任和承诺是关系质量的核心。组织在依赖和权力的基础上,构建信任和承诺,降低交易成本。组织间关系四维度有三个维度来源于资源依赖,只有关系的理性维度用于衡量组织间的信任和承诺。

第二,资源依赖理论当前的研究重点,仍集中于对中间性组织的研究,如组织并购与组织联盟,对纯市场交易组织关系的研究有待补充。学者们研究组织间依赖关系,组织间权力对组织间联盟形成的影响,从二元组织关系研究扩展到组织网络研究,为资源依赖理论的完善贡献了力量。然而正如上文所述,围绕着资源获取,产生了一系列的组织行为,而组织行为不一定只包括组织联盟这种明显的合作行为,大多数的组织间相互依赖程度还未达到需要构建联盟的密切程度。这种低密度的相互依赖,是否也在一定程度上影响着组织行为,仍有待证实。

第三,对于制造商服务化的研究以探索性研究为主,缺乏强有力的理论支撑。面对激烈的市场竞争,制造商服务化的趋势已日益明显,对于集成解决方案这一制造商向服务商转型的新型战略措施的研究,已形成丰富的研究成果。然而,通过大量的文献梳理,我们发现对这一现象的研究,大多集中在案例讨论与前景展望,理论支撑仍比较薄弱。

第四,鲜有从外部视角来对制造商服务化进行研究。现有研究大多集中于对组织内部转型机制的探索,较少有对企业外部环境的影响机制分析。我们认为,由于服务型制造模式具有客户导向的特点,集成商与客户间的互动关系,很大程度上会对制造商的服务化构成影响。Gulati(2007)从相互依赖的角度研究了制造商—供应商之间的关系对相互间业务的影响,这一研究对本章有较大的启发。

本章将综合资源依赖理论与制造商服务化两方面的研究成果,以资源依赖理论作为理论支撑,研究制造商—客户关系对制造商服务化的影响,期望能对资源依赖理论有所贡献,也为我国制造服务化提供理论与实践借鉴。

4.3 模型设计

4.3.1 模型

基于 Pfeffer 和 Salancik(1978)提出的资源依赖理论及近年来学者们对组织间关系行为和制造商服务化的研究,结合本研究要解决的问题,本章建立制造商—客户关系对制造商服务化影响的概念模型。

本章的研究模型设计,主要参考了 Gulati(2007),姜翰(2008),苏芳、毛基业(2012)的研究。Gulati(2007)认为,联合依赖和依赖不对称会影响组织间的关系绩效(具体指供应商和制造商间的采购关系绩效);姜翰(2008)则在研究关系强度对关系价值的影响中,引入联合依赖与依赖不对称,并指出,联合依赖与依赖不对称会影响关系价值机制;苏芳、毛基业(2012)认为,特定的客户也是一种资源,制造商通过与特定客户的合作,进行关系学习,进而提升运营能力。

本章整合众多学者的研究成果,试图构建组织间二元关系、关系行为与特定组织运营能力之间的影响机制,即制造商与客户间的依赖关系,通过影响双方的关系行为,进而影响制造商的服务化。制造商服务化通过综合评价制造商的服务能力来测量(Ceci,Masini,2011)。

本章首先对模型中的各个变量作理论解释,然后根据已有的研究成果,提出本章的模型假设。本章的理论模型见图 4-1。

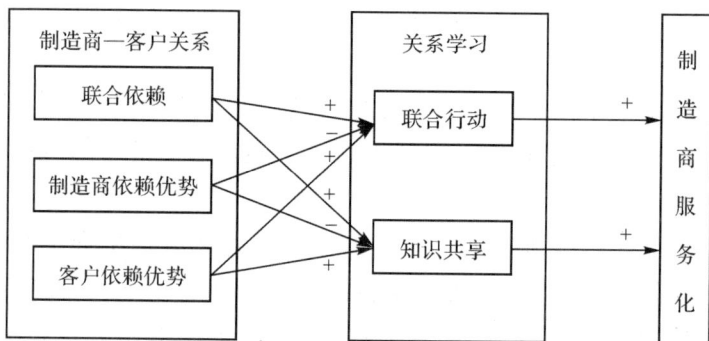

图 4-1　客户关系模型:制造商服务化的前因

4.3.2　模型变量解释

(1)制造商—客户关系

企业间关系对企业产生和维持竞争优势十分重要(Ahuja,2007)。理论上,制造商为了生存,必然会与多种环境因素(如供应商、客户、竞争者等)进行资源交换,并因此而形成多种多样的依赖关系。然而本书认为,在制造商的众多组织关系中,与客户的关系,是制造商转型为集成商的重要因素之一。一方面,服务型制造的客户价值导向,决定了制造商—客户关系的重要性。与客户的关系学习活动有助于企业构建能力,而这些活动的开展受到客户方因素的影响(苏芳、毛基业,2012)。为客户提供从产品到服务系统的全方位定制化服务,是集成解决方案提供商的主要业务,这是一个连续的过程,需要不断与客户进行沟通互动。因此,良好的客户关系,是制造商成功转型的关键。另一方面,预调研中显示,在行业集中度较高的通信行业中,其设备商转型为集成解决方案提供商的比例,要明显高于机械行业。正是我国通信行业这种运营商主导地位,决定了通信设备商的服务意识较强,后者竞相为前者提供全面服务系统。因此我们从制造商—客户关系角度,来研究其对制造商服务化的影响。

根据资源依赖理论,二元组织关系可以分为依赖不对称和联合依赖,其中依赖不对称又分为 A 对 B 的依赖优势,和 B 对 A 的依赖优势(Gulati,2007)。因此,本章将制造商—客户关系分为三个维度:制造商依赖优势、客户依赖优势和联合依赖。制造商依赖优势,即制造商在与客户交易的过程中,拥有更关键以及不可替代性的资源,因此具有更强的议价能力;客户依赖优势则与此相反。联合依赖强调双方合作的深度和广度,在程度上从弱到强。

(2)关系学习

根据关系价值机制,组织的关系行为可以是正向的联合价值创造,也可以是负向的关系攫取(Lavie,2007)。关系学习强调的正是这种正向的价值增值机制,组织可以在合作中通过关系学习提升自身的运营能力(苏芳、毛基业,2012)。关系学习是组织间的联合活动,旨在提高关系双方的合作效率和效果(Selens,Sallis,2003)。关系学习中,关系双方共享信息,随后共同解读,并进行知识整合,是一种知识转移和创造的过程。根据以上定义,本章将关系学习,分为联合行动和知识共享两个变量。

联合行动是关系双方的一种动态合作,它包括广泛的组织行动,比如设计、成本控制和质量提升等。组织双方通过联合行动这种双边战略,以解决关系和运营中的问题。联合改进运作,关系中的相互调整,以及将问题视为联合责任是评价联合行动程度的三个指标(Gulati,2007)。联合行动是一种价值增值机制,它取决于双方的客观互补性和主观互惠程度。成员企业的交互程度、相互信任程度和长期合作的意愿是影响联合行动的三个因素(Kogut,2000)。

知识随着行业的不同而产生差异,企业需要与合作伙伴共享知识,以解决合作中的运营问题(Meyers,Cheung,2008),如共享专业知识、市场知识、客户知识、技术变革等内容(Selnes,Sallis,2003),知识共享是关系学习的基础。信息交换的准确度、详细程度、及时性、规模大小,以及交换的知识的种类,都影响到合作双方的合作绩效(Gulati,2007),服务型制造企业的成长依赖于对知识的创造和利用(赵益维等,2010)。知识成为服务型制造系统运作的基础,它主要包括技术知识、生产过程知识和客户知识(李刚等,2010)。

(3)制造商服务化

根据文献综述,服务型制造是制造商服务化的主要模式,其中集成解决方案就是典型的服务型制造业务模式。

对制造商服务化,学者们有多种评判和解读,对服务型制造的研究,侧重产品—服务系统(PPS)。学者们根据服务化的不同,将产品—服务系统分为三大类:面向产品的PPS(product-oriented PSS,PPSS);面向应用的PPS(apply-oriented PSS,APSS);面向效用的PSS(utility-oriented PSS,UPSS)(Tukker,Tischner,2006)。PPSS,是指为客户提供优质的售后服务,保证产品一定时期内的良好运行。APSS中产品产权不再发生转移,客户通过租赁合约使用产品创造价值。UPSS中也不发生产权转移,客户直接享有最终的产出效用,如佳能免费提供打印机给客户使用,通过使用总量和次数收费。可见,从PPSS到UPSS,面向客户的服务所占的比重逐步增加,成为利润的主要来源。

集成解决方案研究,强调企业的服务能力和动态过程。企业走向制造—服务集成解决方案提供商的价值增值路径是"生产制造→系统集成→运营服务→服务提供",理论上企业可以从价值链的两端进入。一方面,根据"产品系统"连续谱,制造商随着所提供服务的增加不断实现价值增值;另一方面,根据集成商价值增值路径,制造商与客户的交流将日益频繁与深入。

4.3.3 模型假设

(1)制造商客户关系与关系学习

根据资源依赖理论,组织会根据不同的依赖关系,采取不同的战略对策。因此,制造商与客户的依赖优势,以及双方的联合依赖,将对双方的关系学习产生不同的影响。

相互依赖的一方越是关注另一方的回应和态度,那么相互依赖越将成为衡量双方业务关系可靠度的指标。社会心理学研究也发现,越是依赖双方关系的一方,越倾向于从积极方向去解释另一方的行为(Murray, et al. ,1996)。高度的相互依赖会通过强化承诺交换的频率,培养出双方不断增长的内聚力和情感上的肯定(Lawler,Yoon,1996)。同样的,相互依赖能通过增长的凝聚力逐渐渗透组织间的交换,进而进一步巩固这一业务关系中的团结和合作(Harrigan,2007)。相互理解经常会导致在高度依赖关系的企业中出现"关系治理",这意味着更深度的、超出合同责任的合作。这种互惠共生进而被高度依赖关系所产生的"灵活但长远"的道德和社会控制所强化(Jayanthi,2009)。而弱关系中可能存在着更高的私利性关系攫取行为,这会潜在地损害关系安排的整体价值(姜翰,2008)。联合依赖的程度越高,双方合作的意愿将越强,同时不断交互的信息与频繁的联合行动将培养出双方在情感上更高度的相互肯定。为此,提出如下假设:

H1:联合依赖对关系学习有正向影响。

H1a:联合依赖对联合行动有正向影响。

H1b:联合依赖对知识共享有正向影响。

拥有依赖优势,意味着在资源交换关系中拥有一定程度上控制另一方行为的权力,包括议价权、利益分配权等。关系安排中不对等的依赖性倾向于提高优势成员的价值攫取行为(姜翰,2008),换句话说,拥有依赖优势的一方,往往是交易中获利较多且话语权更强的一方。根据企业追求利润的本质,处于获利地位的企业往往不愿意改变现有状况,更乐于维持现状。所以制造商在与客户方进行交易的时候,如果是制造商拥有依赖优势,则制造商更乐于维持现状。由于与客户进行联合行动和知识共享,往往耗费大量的时间与沟通成本,同时还面临着泄露商业机密与技术机密的风险,因此我们认为,制造商拥有依赖优势将阻碍制造商的关系学习。根据上文我们对制造商—客户关系三个维度的划分,以及对关系学习两个维度的划分,提出以下假设:

H2:制造商拥有依赖优势对关系学习有负向影响。

H2a:制造商拥有依赖优势对联合行动有负向影响。

H2b:制造商拥有依赖优势对知识共享有负向影响。

同上文所述,拥有依赖优势往往意味着更强的话语权。根据资源依赖理论,二元关系中弱势的一方,将采取两大对策:绕开现有资源限制的策略或者增强对方对自己的依赖。若客户方拥有依赖优势,制造商改变现状的意愿将变得很强烈,关系学习就是一种创造他人对自己依赖的有效战略。通过合作与沟通,制造商将从客户方获取很多隐性知识,双方的合作越深入,越容易产生高度的信赖与默契,创造更多客户依赖。因此,我们认为,客户方拥有依赖优势,将促进制造商的关系学习:

H3:客户拥有依赖优势对关系学习有正向影响。

H3a:客户拥有依赖优势对联合行动有正向影响。

H3b:客户拥有依赖优势对知识共享有正向影响。

(2)关系学习与制造商服务化

强调客户导向,是制造商服务化的三大特点之一,它强调企业将客户引导成为"合作生产者",以实现双方共同的价值创造(李刚等,2010)。制造商通过这一方式,实现客户与企业间频繁的互动,相互参与到业务流程,促进隐性知识的转移和创造。这种联合的行动和知识共享,帮助企业摆脱传统的将市场视为外生变量的制造模式,不再被动应对市场的变化,从而实现需求的自我创造(孙林岩,2009)。制造商服务化需要培养自身保养服务、运营服务、融资服务和咨询服务的四大能力(Davies,et al.,2006;李随成、沈洁,2009),跨组织沟通有助于促进知识共享以及提升供应商和客户的能力(Paulraj,et al.,2008)。尤其在小供应商—大客户的合作关系中,与客户的互动已经成为供应商竞争优势的主要来源(Wu,et al.,2011)。因此,我们认为,制造商在与客户合作的过程中,更频繁的关系学习,将有助于制造商服务能力与运营能力的提升,促进制造商服务化:

H4:关系学习对制造商服务化有正向影响。

H4a:联合行动对制造商服务化有正向影响。

H4b:知识共享对制造商服务化有正向影响。

(3)关系学习的中介作用

上文已经讨论了制造商—客户关系与关系学习的关系,以及关系学习对制造商服务化的影响,这两部分理论假设隐藏了以下逻辑关系:制造商—客户关系会通过影响关系学习来影响制造商服务化。

资源依赖理论认为,组织间的不对称依赖会通过权力的运用体现在组织行为上,进而影响关系双方的决策(Pfeffer,Salancik,2006)。关系双方的联合依赖,通过影响双方的联合行动、信任和知识共享的范围和质量,进而影响双方的关系质量(Gulati,2007)。IT 供应商在与客户合作的过程中,通过关系学习来提升自己的运营能力(苏芳、毛基业,2012)。组织与合作方构建关系,通过关系治理行为,来获取必要的信息、技术、资本等资源,以提升竞争能力(马占杰、邓波,2010)。二元组织关系中,依赖双方通过权力运用,采取价值攫取和价值创造行为来为自己获取所需的资源。不同的依赖关系会对关系学习产生正向或负向的影响,关系学习促进关系双方的价值创造,进而提升制造商的服务能力。因此,我们提出以下假设:

H5:关系学习在制造商—客户关系与制造商服务化之间起中介作用。

H5a:联合行动在制造商—客户关系与制造商服务化之间起中介作用。

H5b:知识共享在制造商—客户关系与制造商服务化之间起中介作用。

5 客户关系实证[①]

　　本章采取问卷调研方式对上一章提出的理论模型加以验证。我们共收集了 193 份有效样本,通过 SPSS19.0 软件来进行数据分析。先后通过因子分析、单因素方差分析、偏相关性分析和多元回归分析等方法对本研究的假设模型进行了检验。其中信效度检验证实本章所采用的数据具有较高的有效性与内部一致性,单因素方差分析了行业因素、公司规模以及关系时长三个控制变量对制造商服务化的影响。其中因子分析,是为了最终确定度量变量;方差分析是为了检验控制变量对模型中三大变量(制造商—客户关系、关系学习、制造商服务化)的影响;相关分析与回归分析则是为了检验模型假设。

　　相关分析和回归分析得出以下结论:(1)联合依赖与客户依赖优势对关系学习有正向影响,对制造商服务化有正向影响;(2)制造商依赖优势与联合行动无显著关系,阻碍知识共享,与制造商服务化无显著关系;(3)关系学习对制造商服务化有正向影响。以上结论的理论与现实指导意义在于:(1)组织二元关系中的权力运用并不均衡,价值创造行为比价值攫取行为发挥更大作用;(2)制造商服务化,应以客户价值为导向,加强沟通与合作,加速知识积累与转化,促进服务创新;(3)制造商应因势利导,构造差异化竞争优势。具体来说,可以归结为强势制造商发挥管理与资本优势,引导中小客户参与产品与服务的整合,提供标准化模块

---

　　①　本章基于以下论文改写得到:LI Jinghua,ZHU Wenjuan,LIN Li,MA Liya,Huang Qiubo. Manufacturer-user dependence, relationship learning and manufacturer servicesation in China. International Journal of Technology, Policy and Management,2015,15(4):311-322.

化的服务,提供金融租赁服务;而弱势制造商应引入客户导师制度,通过学习促进知识积累与转化,促进自身运营能力提升,构建特定客户服务能力。

5.1 研究方法

5.1.1 实证设计与研究样本选取

本章的研究方法包括三个部分:访谈、问卷调查和统计分析。为了保证模型的有效性,我们先后进行了实地访谈、问卷预发放①,以验证和修正模型构建与问项设置。

由于制造商服务化更多地涉及战略决策层面的内容,因此访谈对象主要是服务型制造企业的中高层领导。在访谈过程中,详细询问了企业服务化的驱动因素,外界的影响因素,与客户的关系治理,以及转型的战略要点;重点询问了客户在企业服务化过程中的作用,以及关系治理对制造企业服务转型的影响。我们先后访谈了制造企业的 3 名中高层领导,并初步验证了假设。

为了保证问卷的回收率,我们没有限定发放对象所处的行业,而是将行业作为控制变量,设计在了问卷中。但是,限定了被调研者的岗位,由于需要判断企业与客户的关系,且涉及企业的具体业务,因此,我们希望被调研者是企业市场部人员或项目部人员,其他部门的人员也有相应考虑。共向制造企业发放 480 份问卷,这些企业涵盖电子信息行业、机械设备行业、工程建设行业等。共收回 200 份问卷,其中有效问卷 193 份。具体样本筛选标准及样本分布等见下文。

---

① 问卷预发放的目的是改进问卷的提问方式,以及进一步调整问项,以减少歧义。一共预发放了 100 份调查问卷,预发放问卷共 29 个问项,主要通过本章作者的社会关系进行发放填写,包括作者的亲戚、朋友、同学以及同一研究团队成员的社会关系。预发放对象所处的行业,包括电子信息行业、重型机械行业、专用设备制造业、以及通用设备制造业。通过预发放,共精简了 4 个问项。

5.1.2 变量定义及测量

为保证模型中变量的可信度和有效度,本章主要参考以前的研究,来对变量的问项进行设置。在设置问项时,删除了那些不明确、模棱两可以及可能误导调研对象的问项。正式问卷分为三部分:第一部分是背景调查,包括企业名称和客户名称,以及其他一些控制变量,这一部分共8个问项。第二部分是制造商与客户关系调查,包括依赖关系,以及关系学习,这一部分共13个问项。第三部分是制造商服务化调查,这一部分是矩阵测量题,共4大项,12个问项。所有的问项都采用李克特5点计分制,从1分到5分。具体设置依据如下。

(1)自变量:制造商—客户的关系

根据资源依赖理论,组织间的关系主要指组织间的依赖和权力,其中权力是依赖的函数。Bae和Gargiulo(2004)通过联盟中企业各自的市场份额来衡量企业的市场权力。他构造了两个指标:一是联盟成员中某一个本地核心企业的市场份额的全部权重;二是企业的联盟网络中本地运营商的比例。Casciaro和Piskorski(2005)通过衡量行业间的资金流动来测量依赖,他认为依赖等于销售额和购买量的和与行业集中度的乘积。本章对制造商与客户间的依赖关系,主要参考了Gulati(2007)的问项设置。首先通过探索性因子分析,来确定特定关系的数值,然后通过求和与差值来确定联合依赖和不对称,这一方法也与Casciaro和Piskorski(2005)所采用的方法一致。所设置的问项,主要用于反映以下四个方面:①由交易总量产生的依赖(Pfeffer,Salancik,1978);②交易的集中度,可以通过测量交易伙伴的数量和与特定伙伴交易的业务总量来计算(比如,Burt,1982;Kumar,et al.,1998);③交易资源的可替换度,这反映在合作伙伴的可替换度上;④特定的关系投资量级(Heide,John,1988)。

由于Gulati(2007)的问项设置用于探索性研究,且有一定的行业限制,因此,在其基础上,我们根据本章的研究问题进行了修改,同时,请至少两位人员进行了翻译与反向翻译,以减少问项偏差。在预发放问卷中这部分共设置了10个问项,通过小样本数据检验,最终将问项缩减为7个。我们用这7个问项,来衡量制造商对客户的依赖DM,以及客户对制造商的依赖DC。然后根据Gulati(2007)的做法,通过一定的计算方法,来确定制造商—客户关系的三个维度:联合依赖 JD、制造商依赖优势 MA 和客户依赖优势 CA。其计算方法如下:

联合依赖 $JD=DM+DC$,通过这一方法,可以减缓二分数据的偏移性。

制造商依赖优势 MA:如果 $DC>DM$,则 $MA=DC-DM$;如果 $DC<DM$,则 $MA=0$。

客户依赖优势 CA:如果 $DM>DC$,则 $CA=DM-DC$;如果 $DM<DC$,则 $CA=0$。

(2)中介变量:关系学习

学者们对于关系行为的测量与分类各不相同,而关系学习,属于关系行为的正向价值创造机制,因此排除了基于冲突和价值攫取的行为活动。苏芳、毛基业(2012)认为,关系学习包括知识和知识共享,联合解读和知识整合。其中知识又包括客户提供的技术知识、行业知识、管理知识和供应商的提案。联合解读包括业务层对话和管理层对话,知识整合包括部门内部和公司范围的知识整合。姜翰(2008)认为,联合价值创造在行为层面上,又反映为关系治理行为,分为联合求解与联合规划,其中联合求解指及时解决短期合作内遇到的问题,联合规划指合作双方共同规划战略问题。Gulati(2007)认为,联合行动、信任和知识共享会调节联合依赖对关系质量的影响。其中联合行动是指合作双方的参与程度,它包括合作双方一起解决问题以及共同调适双方关系。知识共享则体现在双方信息交换的深度和广度,包括信息的详细程度、及时性、准确度,以及信息的质量。孙林岩(2009)认为,服务型制造商在与客户的合作中,应共享技术知识、制造过程知识和客户知识。还有更多学者根据研究问题的不同,采取不同的变量来测量关系行为,如合作和默许(Heweet,Bearden,2001)、机会主义(Morgan,Hunt,1999)、灵活性、信息交换和合作(Lusch,Brown,1996)。

综合以上观点,我们将关系学习界定为联合行动(JA)和知识共享(KS),其中联合行动反映合作双方共同解决问题的范围与意愿,知识共享用以反映合作双方是否充分共享了服务型制造模式所必需的信息和知识。通过整合各学者对联合行动与知识共享的定义及问项设置,在预调研问卷中共设置了 7 个问项来进行测量,其中 4 个用于反映联合行动

JA 的程度,3 个用于反映知识共享 KS 的程度。

(3)因变量:制造商服务化

由于制造服务化是一种新兴的价值创造模式,对这一问题的研究仍处于起步阶段,因此较难找到定量分析的直接参考。陈洁雄(2010)在对制造商服务化与制造商经营业绩的影响研究中,采用了分析上市公司年报中的业务简介与概述的内容分析方式。他根据产品—服务系统的三种分类方式,即面向产品的服务、面向应用的服务和面向效用的服务,将制造商与主营业务相关的服务分为 8 种,并通过内容分析的方式,对每一个样本进行 1 到 8 的评分,以此衡量制造商服务化。Ceci 和 Masini (2011)则根据 Davies 等(2006)对集成解决方案提供商的四大能力研究,从企业能力的角度,对企业服务化进行了评分。他们根据 IT 行业的特点,将 IT 企业服务化内容从 4 项扩展为 7 项,并采用问卷调查的形式,用矩阵测量的方式,对每一个能力从三个维度进行评分:关键程度、频繁程度和独立提供程度。最后加权评价每一项能力,来计算企业的服务化程度。

为了保证测量方式的统一性,本章最终采用 Ceci 和 Masini(2011)的测量方式。而且由于本章并没有限定测量行业,因此仍采用四大能力来衡量服务化。测量方法为:首先,对制造商服务化的四大能力进行测量,每个能力下设 3 个测量维度:关键度、频繁度和自主程度;然后,对四大能力得分求均值,作为制造商服务化的得分,即 $MS = (BC + SI + OS + FS)/4$。其中 MS 指的是制造商服务化(Manufacturer's Service degree, MS),四大能力分别是商业咨询(Business Consult, BC)、系统集成(System Integrate, SI)、运营服务(Operation Service, OS)和金融服务(Finance Service, FS)。

(4)控制变量

本章主要设置了 3 个控制变量:公司规模、行业因素和关系时长。陈洁雄(2010)采用了公司规模和行业因素作为控制变量,以控制企业服务化对经营绩效的影响。首先,公司规模可能在很大程度上影响企业的服务化,因为根据陈洁雄(2010)的研究结果,中国企业服务化与其经营绩效存在倒 U 形曲线关系,服务化可能会分散企业资源与额外耗费人力成本。因此,大规模的公司可能更有能力实现服务化,而规模较小的公司,尽管有向服务型制造转型的意愿,然而由于规模限制,对于系统集成与金融服务的提供,很有可能有心无力,因此将公司规模作为控制变量很有必要。其次,不同行业的集中程度不一样,我们预期,处于高度集中行业的企业将可能对合作企业造成更大的关系压力,比如通信运营商与设备商直接的双寡头垄断,极有可能是这一行业服务化较高的重要影响因素之一。最后,姜翰(2008)在研究中发现,中国企业间的关系时长并不是影响关系强度的主要因素之一。这是由于中国企业间合作时长往往低于三年,因此与美国的企业间合作极大不同。而本章研究的制造企业,由于行业不同,可能会出现关系时长不一的现象。比如提供总包工程的行业,往往意味着长时间的项目施工周期,因而合作时长较长,而其他行业,又可能出现短而频繁的合作特点。

5.1.3 样本描述

样本发放主要通过以下几步完成。

第 1 步:确定行业范围

根据本章的研究问题,我们将目标行业确定为制造业。通过初期的上市公司年报关键词检索,可以发现,通信行业及机械行业是服务化程度较高的制造业。另外根据已有文献测量,以及国民经济行业分类(GB/T 4754—2011),我们最终将目标行业确定为以下几类:机械/设备制造、仪器仪表、电子信息、家电产业。其中各大行业均可在已有文献中找到代表性企业,如中集集团、IBM、陕鼓、海尔等。

第 2 步:确定研究层面

由于我们的研究主题是判断组织间二元关系对企业业务结构的影响,因此将研究层次确定在企业层面。以单个企业为研究单位,评判其与主要合作伙伴间的关系,并判断其自身的业务情况。

第 3 步:确定调研区域

由于本调研需要严格控制数据的准确性与可靠性,而且企业层面的调研相对难度较大。为了保证问卷发放的成功率与回收率,主要根据作者的社会关系所覆盖的区域进行调研,主要覆盖区域有:北京、浙江、湖北、广州和深圳,有一定的代表性。

第 4 步:确定被调研人员

由于需要判断企业与客户的关系,也需要判断企业的业务情况,因此将被调研者锁定为需要与客户有直接或间接交流的业务部门人员,包括项目部门、市场部以及其他辅助部门人员。由于社会关系有限,因此对员工职位不作强制要求。

第 5 步:发放与回收问卷

问卷的发放方式主要有三种:纸质问卷的实地发放、电子问卷的互联网发放以及邮件发放。一共发放 480 份问卷。其中纸质问卷发放 60 份,回收 49 份;互联网发放 400 份,回收 142 份;电子邮件发放 20 份,回收 9 份;一共回收 200 份,问卷回收率为 41.7%。对于回收来的问卷,又进一步进行了筛选,删除了部分无效和不合格问卷,包括全部为某一数字的问卷,不确定选项过多的问卷,以及空缺过多的问卷等,共删除无效问卷 7 份,剩余 193 份问卷,有效回收率为 40.2%。

样本企业分布情况见表 5-1。从表中可以看出,在行业分布上,机械设备与电子信息行业的企业是样本的主要部分,累计占到 67.4%;在公司规模上,总资产在 5 亿元以上的企业最多,占据样本数的 64.8%,这与所调研的行业有关,但又可能会影响样本的代表性。因为公司规模越大,被调研者所代表的公司现状就越可能只是局部的事实,而不是全部情况;在关系时长上,5 年以上关系时长的样本居多,占样本数的 48.2%,这同样与行业分布有关,机械设备、电子信息与工程建设行业通常以项目作为业务单元,而不是以产品作为业务单元,业务的工程属性决定了合作的时间长度。

表 5-1 客户关系研究样本企业概貌

序号	指标	细分指标	频次	占比(%)
1	行业分布	机械设备	70	36.3
		电子信息	60	31.1
		工程建设	50	25.9
		其他	13	6.7
		合计	193	100.0

续表

序号	指标	细分指标	频次	占比（%）
2	公司规模	5000 万元以下	29	15.0
		5000 万～5 亿元	39	20.2
		5 亿元以上	125	64.8
		合计	193	100.0
3	关系时长	1 年以内	40	20.7
		1～5 年	60	31.1
		5 年以上	93	48.2
		合计	193	100.0

被调研人员的基本情况分布见表 5-2。从所在部门来看，基本达到了样本要求，项目部门和营销部门的累计百分比为 67.4%，符合对调研的预期。由于我们需要衡量企业与客户间的关系，因此如果被调研者是需要接触客户的工作人员，样本将更可信。从人员结构来看，职务处于基层管理者以下的工作人员占样本数的 82.9%，从工作年限来看，在本公司工作 5 年以下的工作人员占样本数的 79.2%，这在很大程度上影响了样本的可信度。

表 5-2 客户关系研究答卷者概貌

序号	人员指标	细分指标	频次	占比（%）
1	所在部门	项目部门	90	46.6
		营销部门	40	20.8
		研发部门	50	25.9
		其他部门	13	6.7
		合计	193	100.0
2	人员结构	一般员工	100	51.8
		基层管理者	60	31.1
		中层管理者	30	15.5
		高层管理者	3	1.6
		合计	193	100.0

续表

序号	人员指标	细分指标	频次	占比(%)
3	工作年限	1 年以内	30	15.5
		1~5 年	123	63.7
		5 年以上	40	20.8
		合计	193	100.0

5.1.4 信效度检验

我们对样本调查问卷结果进行了描述性统计。各问项的偏度绝对值均小于 3,峰度绝对值均小于 4。根据测量标准,当偏度绝对值小于 3,峰度绝对值小于 10 时,可以基本认定数据服从正态分布(Kline,1998)。因此,认为样本数据有效,可以进行下一步分析测量。为了保证样本数据的可靠性,保证测量结果的一致性,需要对样本数据进行信度检验。本章采用最常用的 Cronbach's Alpha 来测量问项的信度系数。通常来说,若 Cronbach's Alpha 系数在 0.7 以上,可以认为信度较高(Nunnally,Bernstein,1994)。信度检验结果见表 5-3。

表 5-3 客户关系研究样本信度分析

序号	变量	问项	总体 α 系数	CITC	删除该项后 α 系数
1	制造商—客户关系	R1 我公司是该客户的主要供应商	0.730	0.443	0.698
		R2 我公司存在足够多的潜在客户		0.516	0.679
		R3 我公司比其他公司更拥有技术优势		0.312	0.733
		R4 我公司投入了很多资源,以维持与该客户的关系		0.439	0.700
		R5 该客户是我公司的主要客户		0.639	0.670
		R6 该客户存在足够多的潜在供应商		0.479	0.690
		R7 该客户更换主要供应商会带来很多麻烦和成本		0.384	0.718

序号	变量	问项	总体 α 系数	CITC	删除该项后α 系数
2	关系学习	A1 我公司会持续与该客户讨论,以联合提升我们和他们的运作	0.844	0.406	0.842
		A2 参与双方都期待在持续关系中调整,以应付不断改变的情况		0.562	0.830
		A3 当我们在合作中遇到问题时,双方都会主动查找自身的责任		0.386	0.844
		K1 我公司从该客户处得到的信息很准确		0.63	0.820
		K2 我公司从该客户处得到的信息很详细		0.569	0.827
		K3 我公司能及时得到该客户提供的信息		0.615	0.822
3	制造商服务化	S1 商业咨询服务对我公司来说很关键	0.885	0.467	0.881
		S2 我公司经常提供商业咨询服务		0.609	0.878
		S3 我公司完全自行提供商业咨询服务		0.569	0.878
		S4 系统集成服务对我公司来说很关键		0.438	0.882
		S5 我公司经常提供系统集成服务		0.516	0.879
		S6 我公司完全自行提供系统集成服务		0.634	0.875
		S7 操作服务对我公司来说很关键		0.602	0.877
		S8 我公司经常提供操作服务		0.624	0.876
		S9 我公司完全自行提供操作服务		0.359	0.883
		S10 金融服务对我公司来说很关键		0.335	0.886
		S11 我公司经常提供金融服务		0.335	0.886
		S12 我公司完全自行提供金融服务		0.53	0.879

从表 5-3 可以看出,全部变量的 Cronbach's Alpha 系数均在 0.73 以上,且所有问项的总体相关系数(CITC)值都在 0.312 以上,表明数据具有较好的内部一致性,可以进行下一步检验。

效度检验的目的,是保证各变量下的问项能有效解释该变量。可以通过进行探索性因子分析,来检验样本数据的有效性。在进行因子分析之前,仍然需要先进行 KMO 和 Bartlett 球形度检验,以验证指标是否适合作因子分析。当 KMO 值大于 0.6,且 Bartlett 球形度检验显著性小于 0.001 时,可以作因子分析(马庆国,2002)。我们的全部变量的 KMO 值均大于 0.617,且 Bartlett 球形度检验显著性概率均为 0,小于 0.001,可以作因子分析。另外,因子分析结果累计解释了 75% 以上的变异量,说明抽取的因子能有效地解释各个变量。

采用探索性因子分析,来进行数据的有效度测试。因子分析方法选取主成分分析法,当特征值大于 1 时抽取因子,然后采用最大方差法进行旋转。因子分析的累计解释变异量越接近 100%,说明所抽取的因子越能解释该变量。当问项的因子载荷大于 0.5,且唯一落在某一个因子下时,说明该问项有效。样本数据因子分析结果见表 5-4。

表 5-4　客户关系研究探索性因子分析

变量	维度	问项	累计解释变异量	因子载荷							
				DM	DC	JA	KS	SI	BC	OS	FS
制造商—客户关系	制造商依赖 DM	R1	85.876	0.844							
		R2		0.860							
		R3		0.598							
		R4		0.525							
	客户依赖 DC	R5			0.718						
		R6			0.896						
		R7			0.765						
关系学习	联合行动 JA	A1	75.211			0.838					
		A2				0.813					
		A3				0.775					
	知识共享 KS	K1					0.822				
		K2					0.948				
		K3					0.839				

续表

变量	维度	问项	累计解释变异量	因子载荷							
				DM	DC	JA	KS	SI	BC	OS	FS
制造商服务化	商业咨询 BC	S1						0.797			
		S2						0.830			
		S3						0.849			
	系统集成 SI	S4							0.815		
		S5	81.028						0.932		
		S6							0.850		
	运营服务 OS	S7								0.907	
		S8								0.758	
		S9								0.917	
	金融服务 FS	S10									0.875
		S11									0.879
		S12									0.843

从表 5-4 可以看出，每个变量抽取的因子的累计解释变异量均在 75% 以上，说明抽取的因子能有效解释各个变量。每一个问项的因子载荷都大于 0.525，且唯一落在某一个因子下面，说明所有问项均有效。各个问项之间表现出良好的集聚性，每个因子下平均有 3 个显变量，最终一共抽取出 8 个因子，分别对应本章的三大变量。制造商—客户关系变量分解出 2 个因子：制造商依赖 DM 和客户依赖 DC；关系学习变量分解出 2 个因子：联合行动 JA 和知识共享 KS；制造商服务化变量分解出 4 个因子：系统集成 SI、商业咨询 BC、运营服务 OS 和金融服务 FS，分别对应制造商服务的四大能力。

5.2 实证分析

5.2.1 单因素方差分析

方差分析的基本思想,是通过比较组内变异和组间变异的大小,来判断因素的影响是否存在。其中,单因素方差分析,主要判断由某一个单一因素影响的,相互独立的因变量是否来自同一总体,这一判断通过比较该因素影响下各组的均值差异来实现(莫庆云,2005)。

我们的客户分析研究共设定了 3 个控制变量,分别是:行业因素、公司规模和关系时长。根据因子分析结果,制造商—客户关系、关系学习和制造商服务化三大变量八大维度间也相互独立,因此符合单因素方差分析的条件。将采用均数间的多重比较方法来进行考察,以判断 3 个控制变量的影响。

在进行多重比较检验前,应先进行方差齐性检验。当齐性检验的 p 值大于 0.05 时,证明数据没有差异。在通过了方差齐性检验后,本章采用最小显著差数法(least-significant difference,LSD)来判断控制变量的影响。即用 t 检验完成各组均值间的配对比较,且对多重比较的误差率不再调整,如果 LSD 项的 p 值大于 0.05,则说明该控制变量对因变量无影响。如果没有通过方差齐性检验,本研究采用 t 检验进行配对比较,即 Tamhane's T2 法。若 Tamhane 项的 p 值大于 0.05,则说明控制变量对该因变量无影响。

(1)不同行业下的单因素方差分析

首先判断行业因素对各个变量的影响,不同行业下单因素方差分析的齐性检验结果见表 5-6。方差齐性检验的各个变量均来自因子分析结果,其中制造商—客户关系包含两个维度(制造商依赖 DM 和客户依赖 DC);关系学习包含两个维度(联合行动 JA 和知识共享 KS);制造商服务化包含四个维度,分别对应集成解决方案提供商的四大能力(系统集成 SI、商业咨询 BC、运营服务 OS、金融服务 FS)。

从表 5-5 中可以看出,制造商依赖 DM、系统集成 SI 和金融服务 FS

的 p 值分别为 0.011、0.024 和 0.005，均小于 0.05，未通过方差齐性检验，在多重均值比较检验中需要看 Tamhane 项。剩下的 5 个维度变量 p 值均大于 0.05，通过了方差齐性检验，在多重均值比较中只需要看 LSD 项。

表 5-5　客户关系研究方差齐性检验

序号	潜变量	Levene 统计	自由度 df1	自由度 df2	显著性 Sig.
1	制造商依赖 DM	1.131	2	189	0.011
2	客户依赖 DC	1.781	2	189	0.342
3	联合行动 JA	2.430	2	188	0.433
4	知识共享 KS	1.892	2	188	0.532
5	系统集成 SI	1.320	2	190	0.024
6	商业咨询 BC	2.120	2	190	0.383
7	运营服务 OS	1.123	2	190	0.532
8	金融服务 FS	2.310	2	190	0.005

　　接下来，进行均数间的多重比较检验，以判断行业因素对各个维度变量的影响，检验结果见表 5-6 和表 5-7，分别显示各个维度的 p 值和均差。表 5-6 显示，在制造商依赖维度上，电子信息行业与其他几个行业差距显著，p 值分别为 0.002、0.013 和 0.008，均小于 0.05。接着看表 5-7 中的均差值，结果显示电子信息行业在制造商对客户的依赖上比其他几个行业更强（均差值大于 0.7）。在表 5-6 中，在系统集成维度上，仍然是电子信息行业与其他行业差距显著，p 值分别为 0.002、0.016 和 0.022，均小于 0.05，同样从表 5-7 中的均差值可以看出电子信息行业制造商在提供系统集成服务上比其他行业制造商更成熟（均差值大于 0.7）。在表 5-6 中，在金融服务维度上，机械设备行业和工程建设行业无显著差异，但这两个行业与电子信息行业和其他行业差异显著。其中机械设备行业与电子信息行业和其他行业的 p 值分别是 0.013 和 0.007，工程建设与电子信息和其他行业 p 值分别是 0.022 和 0.005，均小于 0.05，从表 5-7 中的均差值可以看出机械设备行业和工程建设行业具有更强的金融服务能力（均差值大于 0.7）。在其他几个维度上，几大行业不存在显著性差异，p 值均大于 0.05。

表 5-6　客户关系研究不同行业下多重比较检验的显著性差异

行业因素 (I)	行业因素 (J)	显著性 Sig.			
		制造商依赖 DM (Tamhane)	客户依赖 DC (LSD)	联合行动 JA (LSD)	知识共享 KS (LSD)
机械设备	电子信息	0.002	0.193	0.213	0.543
	工程建设	0.812	0.213	0.812	0.239
	其他	0.602	0.082	0.521	0.213
电子信息	工程建设	0.013	0.134	0.278	0.621
	其他	0.008	0.512	0.482	0.421
工程建设	其他	0.083	0.212	0.289	0.820
行业因素 (I)	行业因素 (J)	系统集成 SI (Tamhane)	商业咨询 BC (LSD)	运营服务 OS (LSD)	金融服务 FS (Tamhane)
机械设备	电子信息	0.002	0.231	0.870	0.013
	工程建设	0.350	0.530	0.732	0.322
	其他	0.583	0.821	0.342	0.007
电子信息	工程建设	0.016	0.243	0.932	0.022
	其他	0.022	0.721	0.623	0.533
工程建设	其他	0.432	0.463	0.345	0.005

表 5-7　客户关系研究不同行业下多重比较检验的均差值

行业因素(I)	行业因素(J)	均差(I−J)			
		制造商依赖 DM (Tamhane)	客户依赖 DC (LSD)	联合行动 JA (LSD)	知识共享 KS (LSD)
机械设备	电子信息	−0.93423	0.23456	0.31457	0.35256
	工程建设	0.43244	0.32545	0.25698	0.14236
	其他	0.18794	0.43209	0.18955	0.02346
电子信息	工程建设	1.42540	0.37982	0.21876	0.08723
	其他	1.28230	0.25238	0.12357	0.07213
工程建设	其他	0.23442	0.17698	0.24389	0.42537

行业因素（I）	行业因素（J）	系统集成 SI（Tamhane）	商业咨询 BC（LSD）	运营服务 OS（LSD）	金融服务 FS（Tamhane）
机械设备	电子信息	−2.42152	−0.32546	−0.23425	0.84455
	工程建设	0.09885	−0.44226	0.32525	−0.02344
	其他	0.48032	0.12415	0.14412	1.04244
电子信息	工程建设	0.72321	0.02311	0.51234	−2.04125
	其他	1.42145	0.45123	0.31232	0.42112
工程建设	其他	0.34325	0.51231	0.02341	1.21445

（2）不同公司规模下的单因素方差分析

与上文相同，在判断公司规模对几大维度的影响之前，需要先进行方差齐性检验，不同公司规模下的方差齐性分析结果见表 5-8。结果显示，金融服务没有通过方差齐性检验，p 值为 0.006，小于 0.05，在多重比较检验中需要看 Tamhane 项。其他几个维度 p 值均大于 0.05，通过了方差齐性检验，只需要看 LSD 项。

表 5-8　客户关系研究不同公司规模下的方差齐性分析

序号	潜变量	Levene 统计	自由度 df1	自由度 df2	显著性 Sig.
1	制造商依赖 DM	2.045	2	189	0.853
2	客户依赖 DC	1.672	2	189	0.52
3	联合行动 JA	1.245	2	188	0.321
4	知识共享 KS	0.931	2	188	0.213
5	系统集成 SI	1.342	2	190	0.128
6	商业咨询 BC	2.145	2	190	0.823
7	运营服务 OS	2.042	2	190	0.420
8	金融服务 FS	1.435	2	190	0.006

不同公司规模下，各个维度的多重比较检验结果见表 5-9 和表 5-10，分别显示各个维度的 p 值和均差。结果显示，不同公司规模下，制造商提供金融服务程度存在显著性差异。公司规模在 5000 万元以下的企业与 5000 万～5 亿元和 5 亿元以上的企业间差异 p 值分别为 0.012 和

0.002,公司规模在 5000 万～5 亿元与 5 亿元以上企业间差异 p 值为 0.020,均小于 0.05。通过查看不同规模企业间均差值,可以发现,公司规模越大,金融服务能力越强(均差值为负,且绝对值大于 0.7)。

表 5-9　客户关系研究不同公司规模下的多重比较检验的显著性差异

公司规模(I)	公司规模(J)	显著性 Sig.			
		制造商依赖 DM（LSD）	客户依赖 DC（LSD）	联合行动 JA（LSD）	知识共享 KS（LSD）
5000 万元以下	5000 万～5 亿元	0.239	0.082	0.312	0.743
	5 亿元以上	0.621	0.213	0.342	0.932
5000 万～5 亿元	5 亿元以上	0.120	0.187	0.523	0.523
公司规模(I)	公司规模(J)	系统集成 SI（LSD）	商业咨询 BC（LSD）	运营服务 OS（LSD）	金融服务 FS（Tamhane）
5000 万元以下	5000 万～5 亿元	0.346	0.235	0.132	0.012
	5 亿元以上	0.523	0.215	0.213	0.002
5000 万～5 亿元	5 亿元以上	0.530	0.432	0.523	0.020

表 5-10　客户关系研究不同公司规模下的多重比较检验的均差值

公司规模(I)	公司规模(J)	均差($I-J$)			
		制造商依赖 DM（LSD）	客户依赖 DC（LSD）	联合行动 JA（LSD）	知识共享 KS（LSD）
5000 万元以下	5000 万～5 亿元	0.23453	−0.32145	−0.34563	0.12443
	5 亿元以上	0.43213	−0.23145	−0.43677	0.34243
5000 万～5 亿元	5 亿元以上	0.21345	−0.45321	−0.13445	0.36577
公司规模(I)	公司规模(J)	系统集成 SI（LSD）	商业咨询 BC（LSD）	运营服务 OS（LSD）	金融服务 FS（Tamhane）
5000 万元以下	5000 万～5 亿元	−0.32456	0.15232	−0.43521	−1.9122
	5 亿元以上	−0.52342	0.12732	−0.52131	−2.32421
5000 万～5 亿元	5 亿元以上	−0.15623	0.24123	−0.21453	−0.93234

（3）不同关系时长下的单因素方差分析

不同关系时长下，制造商—客户关系的单因素方差分析的齐性检验结果见表 5-11。结果显示，知识共享、系统集成和金融服务没有通过方差齐性检验（p 值分别为 0.002、0.012 和 0.003，均小于 0.05），需要读取 Tamhane 项；其他几个维度都通过了方差齐性检验，需要读取 LSD 项。

表 5-11　客户关系研究不同关系时长下的方差齐性分析

序号	潜变量	Levene 统计	自由度 df1	自由度 df2	显著性 Sig.
1	制造商依赖 DM	1.931	2	189	0.233
2	客户依赖 DC	2.320	2	189	0.121
3	联合行动 JA	1.543	2	188	0.065
4	知识共享 KS	1.823	2	188	0.002
5	系统集成 SI	1.423	2	190	0.012
6	商业咨询 BC	2.314	2	190	0.532
7	运营服务 OS	2.671	2	190	0.322
8	金融服务 FS	1.913	2	190	0.003

不同关系时长下的多重比较检验结果见表 5-12 和表 5-13，分别是检验的显著性差异和均差值。结果显示，与客户拥有 5 年以上关系时长的企业与其他企业相比，在制造商依赖、客户依赖、联合行动、知识共享、系统集成和金融服务上具有显著性差异（p 值均小于 0.05）。再通过读取均值差，发现拥有 5 年以上关系时长的企业，与客户依赖更强，双方联合行动和知识共享更频繁，系统集成和金融服务能力更强（均差值都为负，且绝对值大于 0.7）。

表 5-12　客户关系研究不同关系时长下的多重比较检验的显著性差异

关系时长（I）	关系时长（J）	显著性 Sig.			
		制造商依赖 DM (LSD)	客户依赖 DC (LSD)	联合行动 JA (LSD)	知识共享 KS (Tamhane)
1 年以内	1～5 年	0.562	0.173	0.523	0.612
	5 年以上	0.022	0.039	0.012	0.029
1～5 年	5 年以上	0.031	0.038	0.011	0.009

续表

关系时长(I)	关系时长(J)	系统集成 SI (Tamhane)	商业咨询 BC (LSD)	运营服务 OS (LSD)	金融服务 FS (Tamhane)
1 年以内	1～5 年	0.621	0.754	0.335	0.734
	5 年以上	0.040	0.673	0.623	0.003
1～5 年	5 年以上	0.039	0.835	0.834	0.009

表 5-13　客户关系研究不同关系时长下的多重比较检验的均差值

关系时长(I)	关系时长(J)	均差($I-J$)			
		制造商依赖 DM (LSD)	客户依赖 DC (LSD)	联合行动 JA (LSD)	知识共享 KS (Tamhane)
1 年以内	1～5 年	−0.23456	−0.21343	−0.14155	−0.31834
	5 年以上	−1.32512	−2.59121	−1.34256	−2.41240
1～5 年	5 年以上	−0.78123	−0.92134	−0.82134	−0.91245
关系时长(I)	关系时长(J)	系统集成 SI (Tamhane)	商业咨询 BC (LSD)	运营服务 OS (LSD)	金融服务 FS (Tamhane)
1 年以内	1～5 年	−0.21345	0.01243	−0.21345	0.42145
	5 年以上	−0.93145	0.08214	−0.24145	−1.35255
1～5 年	5 年以上	−0.72132	0.09123	−0.31235	−0.91345

5.2.2　相关分析

上一部分讨论了行业、公司规模以及关系时长对制造商—客户关系、关系学习以及制造商服务化的影响。本部分主要分析模型中 3 个变量间的相关关系。通过相关关系分析，可以判定不同变量间的密切程度，以及两个变量间的线性关系程度和方向。单因素方差分析的结果显示，行业因素、公司规模和关系时长均对不同变量产生了不同的影响，因此为了排除这些控制变量的影响，本部分的相关分析，采用偏相关分析法，即控制行业因素、公司规模和关系时长三大控制变量后，再进行变量间相关分析。

根据研究变量定义和测量，需要利用因子分析中的因子得分来计算模型变量的值。首先，制造商—客户关系分为三个维度：制造商依赖优势 MA、客户依赖优势 CA 和联合依赖 JD。根据其计算方法，利用制造商依赖 DM 和客户依赖 DC 来求出这 3 个变量的值。其次,根据变量定义,制造商服务化 $MS=(BC+SI+OS+FS)/4$,也根据因子得分计算得出。最终获得模型检验所需要的 6 个变量:制造商依赖优势 MA、客户依赖优势 CA、联合依赖 JD、联合行动 JA、知识共享 KS、制造商服务化 MS。相关分析结果见表 5-14。

表 5-14　客户关系研究相关矩阵

潜变量	JD	MA	CA	JA	KS	MS
联合依赖 JD	1					
制造商依赖优势 MA	0.352**	1				
客户依赖优势 CA	0.325**	−0.331**	1			
联合行动 JA	0.567**	−0.061	0.359**	1		
知识共享 KS	0.645**	−0.186**	0.460**	0	1	
制造商服务化 MS	0.735**	−0.081*	0.612**	0.738**	0.663**	1

注:控制了行业因素、公司规模和关系时长;** 在 0.01 水平(双侧)上显著相关,* 在 0.05 水平(双侧)上显著相关。

5.2.3　回归分析

通过上文的相关分析,可以基本确定各个变量间的相关关系,但是仅仅通过相关分析,还无法判断各变量间的因果关系,且关系行为的中介效应也无法判断,因此还需要作进一步分析。

由于回归分析是用以判断各变量间的因果关系的一种数理统计方法,因此相关分析的结果可以作为回归分析的前提。若变量间不存在相关关系,则可以肯定变量间一定不存在因果关系。

本章采用多元线性回归的方法,来逐一检测制造商—客户关系三维度,与关系学习二维度和制造商服务化之间的因果关系。在进行回归分析时,进行了共线性诊断,并采用 Durbin-Watson 来进行残差检验。共线性诊断是为了判别各变量间不存在共同变化的趋势,残差检验则是为了证明误差间不存在自相关关系。判断共线性的标准是容忍度和方差膨胀因子(VIF),其中容忍度和 VIF 互为倒数,容忍度介于 0 到 1 之间合适,容忍度越小,共线性越严重,此时数据不适合作多元回归分析。Durbin-Watson 残差建议的标准值是介于 1.5 到 2.5 之间,DW 越接近

2,残差间越不存在自相关关系,越适合作回归分析。

(1)制造商—客户关系三维度与联合行动的回归分析

以制造商—客户关系的三大维度(联合依赖 JD、制造商依赖优势 MA、客户依赖优势 CA)为自变量,以关系学习的联合行动 JA 为因变量进行回归,回归结果见表 5-15。

表 5-15　制造商—客户关系与联合行动的回归分析

变量	R^2	DW	标准化回归系数	t	Sig.	共线性统计量	
						容忍度	VIF
JD			0.761	16.507	0	1	1
MA	0.689	1.703	−0.057	−1.817	0.071	1	1
CA			0.219	3.296	0.001	1	1

注:因变量为联合行动 JA。

从表 5-15 中可以看出,该回归的 R^2 为 0.689,因果关系明显。DW 为 1.703,接近 2,容忍度为 1,回归有效。其中联合依赖 JD 与客户依赖优势 CA 的回归系数分别是 0.761 和 0.219,显著性水平分别为 0 和 0.001,在 $p<0.01$ 水平上显著相关,假设 H1a 成立。制造商依赖优势的回归系数为 −0.057,显著性水平为 0.071,在 $p<0.01$ 水平上不显著相关,因此假设 H2a 不成立,假设 H2 不完全成立。这说明制造商拥有依赖优势,对关系双方的联合行动无直接影响。

(2)制造商—客户关系三维度与知识共享的回归分析

以制造商—客户关系三维度(联合依赖 JD、制造商依赖优势 MA、客户依赖优势 CA)为自变量,以关系学习中的知识共享 KS 为因变量进行回归分析,回归结果见表 5-16。

从表 5-16 中可以看出,回归分析的 R^2 为 0.928,因果关系明显。DW 为 2.483,介于 1.5 到 2.5 之间,容忍度为 1,回归有效。其中联合依赖 JD、制造商依赖优势 MA 和客户依赖优势 CA 的回归系数分别为 0.821、−0.064 和 0.313,显著性水平分别为 0、0.001 和 0,在 $p<0.01$ 水平上显著相关,其中联合依赖和客户依赖优势对知识共享有正向影响,制造商依赖优势对知识共享有负向影响,但回归系数小于 0.1,假设

H1b、H2b、H3b 均成立。说明制造商与客户间的相互依赖关系显著影响知识共享程度;联合依赖和客户拥有依赖优势会促进双方的知识共享;制造商拥有依赖优势会阻碍知识共享,但程度不高。

表 5-16 制造商—客户关系与知识共享的回归分析

变量	R^2	DW	标准化回归系数	t	Sig.	共线性统计量	
						容忍度	VIF
JD			0.821	19.796	0	1	1
MA	0.928	2.483	-0.064	-3.258	0.001	1	1
CA			0.313	4.722	0	1	1

注:因变量为知识共享 KS。

(3)关系学习二维度与制造商服务化的回归分析

本部分用以检验关系学习的二维度与制造商服务化的因果关系。以关系学习的二维度(联合行动 JA、知识共享 KS)为自变量,以制造商服务化 MS 为因变量进行回归分析,回归结果见表 5-17。

从表 5-17 中可以看出,回归的 R^2 为 0.869,因果关系明显。DW 为 1.957,介于 1.5~2.5 之间,且接近 2,容忍度为 1,回归有效。其中联合行动 JA 和知识共享 KS 的标准回归系数分别为 0.773 和 0.402,显著性水平均为 0,在 $p < 0.01$ 水平上显著正相关,假设 H4、H4a、H4b 成立。说明关系双方的联合行动和知识共享程度越高,制造商服务化程度越高,且联合行动更有助于制造商服务化的提升。

表 5-17 关系学习与制造商服务化的回归分析

变量	R^2	DW	标准化回归系数	t	Sig.	共线性统计量	
						容忍度	VIF
JA			0.773	18.913	0	1	1
KS	0.869	1.957	0.402	6.384	0	1	1

注:因变量为制造商服务化 MS。

(4)关系学习的中介作用分析

上文中,已经对制造商—客户关系与关系学习的相关性,以及关系学习与制造商服务化的相关性进行了显著性检验和回归分析,三方的回归关系都已得到验证。接下来,将对关系学习的中介作用进行分析。进行中介作用检验的方法,是将中介变量引入回归模型。若引入变量后,原有的自变量与因变量间的回归关系不再明显,而中介变量与因变量的回归关系显著,则证明该变量具备中介作用。将分别对关系学习的两个维度(联合行动 JA 和知识共享 KS)进行中介作用检验。

首先进行制造商—客户关系三维度与制造商服务化的回归,然后引入联合行动,与制造商服务化进行回归,回归结果见表 5-18。

表 5-18　联合行动的中介作用检验

变量	R^2	DW	标准化回归系数	t	Sig.	共线性统计量	
						容忍度	VIF
JD			0.271	14.636	0	0.529	1.889
MA	0.934	2.38	−0.126	−5.244	0.065	0.619	1.614
CA			0.202	3.242	0.001	0.998	1.002
引入中介变量							
JD			0.105	1.237	0.218	0.657	1.521
MA	0.683	2.07	−0.214	−2.507	0.113	0.655	1.527
CA			0.197	2.329	0.021	0.668	1.496
JA			0.413	9.612	0	0.996	1.004

注:因变量为制造商服务化 MS。

从表 5-18 中可以看出,两次回归的 R^2 均在 0.6 以上,说明因果关系明显,DW 分别为 2.38 和 2.07,接近 2,两次回归的容忍度均介于 0 到 1 之间,回归有效。在未引入联合行动 JA 时,联合依赖 JD 和客户依赖优势 CA 与制造商服务化 MS 间有显著正相关关系。当引入联合行动后,显著关系消失,显著性分布从 0 和 0.001 下降到 0.218 和 0.021,均在 p <0.01 上不再显著。而联合行动 JA 与制造商服务化 MS 的回归系数为 0.413,显著性水平为 0,在 p<0.01 上显著正相关。联合行动的中介效应成立,假设 H5a 得到验证。

接下来对关系学习的另一维度知识共享 KS 进行中介效应检验,检验方法同上。首先对制造商—客户关系三维度与制造商服务化进行回归分析，然后引入知识共享 KS，与制造商—客户关系三维度一起，作为自变量，制造商服务化 MS 作为因变量，进行回归分析，回归结果见表 5-19。

表 5-19　知识共享的中介作用检验

变量	R^2	DW	标准化回归系数	t	Sig.	共线性统计量	
						容忍度	VIF
JD			0.271	14.636	0	0.529	1.889
MA	0.934	2.38	−0.126	−5.244	0.065	0.619	1.614
CA			0.202	3.242	0.001	0.998	1.002
引入中介变量							
JD			0.048	1.339	0.182	0.817	1.224
MA	0.802	2.055	−0.171	−2.286	0.223	0.655	1.527
CA			0.010	0.691	0.490	0.956	1.046
KS			0.369	6.918	0	0.996	1.004

注：因变量为制造商服务化 MS。

从表中可以看到，两次回归的 R^2 均在 0.8 以上，说明因果关系明显，DW 分别为 2.38 和 2.065，介于 1.5 到 2.5 之间，容忍度也均介于 0 与 1 之间，且都大于 0.5，说明回归有效。在未引入知识共享 KS 时，联合依赖 JD、客户依赖优势 CA 都对制造商服务化 MS 有正向影响；当引入知识共享 KS 后，该回归关系不再明显，显著性水平分别从 0 和 0.01 下降到 0.182 和 0.490。知识共享 KS 与制造商服务化 MS 间的回归系数为 0.369，显著性水平为 0，在 $p < 0.01$ 上显著正相关，知识共享的中介效应明显，假设 H5b 得到验证。

5.3　结果和模型修正

5.3.1　方差分析结果

通过单因素方差分析，发现行业因素、公司规模、关系时长对不同变量的影响。主要结果如下。

（1）行业因素

行业因素方面,电子信息行业在制造商对客户的依赖上比其他几个行业更强,且电子信息行业制造商在提供系统集成服务上比其他行业制造商更成熟,而机械设备行业和工程建设行业则具有更强的金融服务能力。以上结果的出现,与我国行业发展现状有关。我国电子信息行业,特别是通信行业呈寡头垄断状况,由于通信运营牌照限制,我国通信运营商被三大运营商垄断,而相应的设备供应商也都规模庞大,如华为、中兴、诺基亚、惠普等知名企业。这种寡头垄断状况,导致了合作双方的高度的相互依赖性,相对垄断的运营商则拥有更大的议价能力,因此电子信息行业的客户依赖更强是可以理解的。

在制造商服务能力上,系统集成的概念最先兴起于电子信息行业,IBM是世界上最先发展起来的集成解决方案提供商。一方面,出于对系统集成这一服务概念的理解;另一方面,基于竞争追随,电子信息行业企业更易于理解系统集成服务并率先给予客户系统集成服务。

金融服务能力,是指制造商为客户提供包括融资租赁在内的一系列服务,机械设备与工程建设自身的行业特点,决定了其金融服务能力的快速发展。总包工程一直是工业企业所熟悉的业务模式,而往往提供总包工程服务的企业,都拥有相当的经营实力。一方面,工程建设中制造商垫资情况普遍存在;另一方面,机械设备高昂的价格,也促进了租赁业务的发展。

（2）公司规模

公司规模方面,公司规模越大,金融服务能力越强。拥有5亿元以上公司规模的企业比其他企业金融服务能力更强。这一结论,与行业因素影响金融服务能力相似,如机械设备行业和工程建设行业中业务的工程属性,就决定了垫资的产生,而垫资往往对制造商的公司规模提出要求。但与行业因素不一样的是,与机械设备行业和工程建设行业对资金的高要求不同,电子信息行业的金融服务呈两极分化。公司规模大的电信企业往往更有实力来提供金融服务,如华为免费提供给运营商的基站设备,以及各种大型的交换机等,通过占领高市场份额,收取后续升级服务费而盈利;而公司规模小的电子信息企业,提供小而创新的附加服务是其主要的盈利手段,对资金的要求就没那么高。

(3)关系时长

关系时长方面,拥有 5 年以上关系时长的企业,与客户依赖更强,双方联合行动和知识共享更频繁,系统集成和金融服务能力更强。从数据分析结果可以看到,5 年以上关系时长更像是一个区分线。1 年以内和 1～5 年的关系时长,对于制造商来说并没有本质的区别,而与客户拥有 5 年以上关系时长的制造商,在多个维度上指标得分更高。一方面在于,我们所调研的行业局限,通信行业、机械设备行业和工程建设行业,与客户拥有长期合作关系的情况非常普遍,因此关系时长呈现两极分化。这些高度成熟的行业,行业现状相对固化,大客户比较稳定,而小客户更多是小微企业。另一方面,这些行业的业务属性也决定了关系时长的分布,工程项目型的业务,双方合作时间普遍较长,如杭氧集团与客户的合作时长往往超过 10 年;而交易型的业务,又意味着非常短的关系时长,一般分布在 1 年左右。

因此可以初步判断,是业务的工程项目属性,决定了更长的关系时长,从而需要频繁的联合行动与知识共享。这种频繁的信息交流,进而又促进了制造商对客户的定制化服务,以及为达到成本规模,而不断整合产品与服务,提升自己的系统集成能力。业务的工程属性,同样促进企业金融服务能力的提升。相反,商业咨询与运营服务,则更适用于交易型业务,这两项服务能力更适用于采购以及工程招投标和后期维护阶段,因此与关系时长无关。

5.3.2 回归分析结果

本章以资源依赖理论为基础,来研究制造商与客户这种典型的二元关系对制造商服务化的影响。通过理论研究,我们在上一章构建了"制造商—客户关系——关系学习——制造商服务化"这一理论模型,之后在本章通过多元线性回归,逐步检验了模型假设。回归分析结果如下。

(1)制造商—客户关系对关系学习具有显著影响,但制造商依赖优势对联合行动无显著影响

制造商—客户关系的三个维度中,联合依赖与客户依赖优势都对关系学习有促进作用。制造商与客户间的联合依赖越强,双方越愿意,这

意味着双方更乐于进行业务往来,一起解决问题的意愿更强;在合作的同时,也会不断进行信息交流与沟通,知识共享的程度也越深。当客户拥有依赖优势,也就是客户在业务往来中处于主导地位时,双方联合行动与知识共享程度也很高。苏芳、毛基业(2012)也发现,大客户往往可以帮助企业进行自我提升,而这种提升正是靠不断合作中隐性知识的积累,因此客户拥有依赖优势时,双方的关系学习也越频繁。值得注意的是,联合依赖对关系学习的回归系数均大于客户依赖优势对关系学习的回归系数,说明在实际业务合作中,不管哪一方处于依赖优势,只要双方依赖程度足够高,双方的联合行动和知识共享意愿就越强烈。

制造商拥有依赖优势,对双方的联合行动并未产生明显影响。制造商往往处于产业链的上游,成本压力大,与客户合作生产往往能取得双赢的效果,而且企业的目的是获取利润。尽管制造商拥有依赖优势,客户仍然是企业生存的根本,因此就算不会促进双方的合作,但阻碍因素也不强。

制造商拥有依赖优势,对双方的知识共享有显著负向影响。拥有依赖优势的制造商,往往在行业中处于领先地位。这种领先地位可以由多方面原因构成,可以是技术领先,也可以是市场领先或政策保护。但不管是哪一种形式的领先,往往意味着双方存在着竞争优势上的不对等,而正是各种隐性的知识构成了这种不对称,因此为了维持在关系中的优势地位,制造商不愿意与小客户共享自己的知识资源。

(2)关系学习对制造商服务化有正向影响

关系行为可以是正向价值创造,也可以是负向价值攫取(姜翰,2008)。本研究认为,具有正向价值创造效应的关系学习,可以促进制造商服务化的提升,这是与服务型制造和集成解决方案所强调的客户价值导向相一致的结果。通过回归分析,验证了关系学习中联合行动与知识共享对制造商服务化的影响,两者的回归系数分别为 0.773 和 0.402,具有明显的正向促进作用,其中联合行动对制造商服务化的影响更高。

根据文献综述,制造商服务化的形式有服务型制造和集成解决方案,但不管哪种方式,都强调产品与服务的融合、客户导向和全生命周期服务,在与客户共同创造价值的过程中,共同的行动目标和顺畅的知识共享是成功的必要因素。联合行动与知识共享为双方的价值创造构造了良好的知识通道,让显性知识与隐性知识得以高效转化。这种高效的沟通与合作共同促进了制造商服务化的提升。

(3)关系学习在制造商—客户关系与制造商服务化之间起中介作用

通过回归分析发现,制造商—客户关系可以影响制造商服务化,关系学习在其中起到了中介作用。在分别引入联合行动和知识共享后,制造商—客户关系与制造商服务化不再显著相关,说明制造商—客户关系不仅能直接影响制造商服务化,也通过影响双方的合作与交流,间接影响制造商服务能力的提升。

制造商与客户间的高度的联合依赖,通过影响双方的合作与沟通,来促进制造商自身的知识积累,从而得到服务能力的提升。客户拥有依赖优势,在一定程度上对制造商施加了无形的压力,制造商对客户忠诚度的追求,将增强自身与对方沟通交流的意愿,从而促进双方联合行动和知识共享的产生,促进制造商自身的成长。与制造商依赖优势对联合行动无影响一样,制造商拥有依赖优势对制造商服务化也无显著影响。一方面在竞争中处于优势地位的制造商,往往意味着更高的技术水平、更大的资金规模或业务范围,这种优势使制造商往往拥有更强的业务整合能力,而这正是有效融合产品与服务的关键能力之一。因此,制造商拥有依赖优势可能会促进制造商服务化。但另一方面,必要的信息保密也可能会阻碍知识的积累,而且与弱势的客户合作,组织学习成果也可能会打折扣。两方面效果相抵消,制造商拥有依赖优势对制造商服务化并无显著影响,因此也谈不上关系学习对制造商依赖优势与制造商服务化的中介作用。

5.3.3　模型修正

上一章一共提出了 15 个假设,共有 13 个假设得到了验证,有 2 个假设(H2,H2a)未得到验证。其中未完全得到验证的假设是,制造商拥有依赖优势对联合行动有负向影响。即制造商在与客户合作的过程中,拥有依赖优势,并不影响制造商与客户的联合行动,制造商并不会因此而不与客户进行必要的业务往来,也会不断调整双方的关系。这与 Gulati (2007)的研究结论也有相似之处。该研究结果发现,在制造商与供应商的合作中,即使供应商拥有依赖优势,也不影响双方的关系绩效。说明在实际业务往来中,处于上游产业的企业,并不会因为自身的依赖优势,而作出有违企业追求利润本质的举动。

另外值得注意的是,尽管本章并未列出制造商—客户关系对制造商服务化的影响假设,但在中介效应检验中仍得到了验证,即使制造商拥有依赖优势,也不会影响制造商服务化,这也具有现实检验意义。

综上所述,最终将理论模型修改如图 5-1 所示。

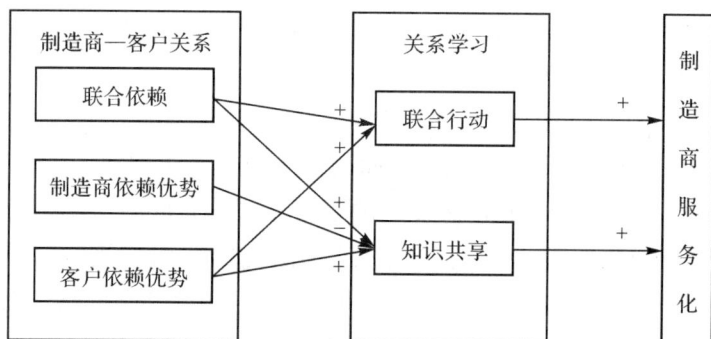

图 5-1 客户关系模型修正:制造商服务化的前因

5.4 结论

5.4.1 讨论

(1)拥有依赖优势的制造商的服务化

通过数据分析发现了一个有趣的结果,即制造商拥有依赖优势,并不影响联合行动,也不影响制造商服务化,这与我们的预期是不一致的。长期以来,二元关系中的依赖所产生的权力关系,一直被学者们划分为价值攫取和价值创造两大维度(姜翰,2008)。拥有强势依赖优势的一方往往会对被依赖方施加权力压迫,进行价值攫取,而本章的研究结果却并未证实这一观点。另外,当客户拥有依赖优势时,促进了关系双方的联合行动与知识共享,进而促进了制造商服务化。这说明权力的运用并不仅仅只是有利于强势方,强势的权力并不会自动转换为压迫(coercion),权力的运用与压迫还会对关系中的全部价值创造产生影响(Gulati,2007)。滥用权力可能会损害双方的合作精神,进而降低创造价值的可能性(Piskorski,Casciaro,2006),正是这种可能带来的损失,给强势方带来了利益威胁,从而使其不会滥用这种权力。当强势方在进行价值攫取时,总体获益可能会减少,这种减少量很有可能大于其攫取的价值。换句话说,当制造商想利用其依赖优势获取更多额外利益时,利益的总量反而会缩小得更快。这进一步提醒我们,在交易关系中,不仅有价值攫取,还有价值创造。价值创造在双方交易关系中发挥着更强的作用,拥有依赖优势的制造商不会利用其权力来损害共同的价值,拥有依赖优势的客户商,通过利用其权力,来促进和协助制造商的服务转型,进而提升双方共同的利益,从而出现了本章中的研究结果。

单因素分析也进一步佐证了这一研究结果。电子信息行业中拥有依赖优势的客户,与制造商高度的联合依赖共同促进了价值创造行为,从而促使该行业的制造商拥有更强的系统集成服务能力。公司规模并未对双方关系和关系学习产生影响,但是拥有更大公司规模的企业拥有更强的金融服务能力。客户的依赖优势促进了制造商的发展,在机械设备行业和工程建设行业大规模的制造企业,对客户的依赖并未因此而阻碍制造企业的发展,反而利用其强势的资金规模与管理方式,不断在提升自己的服务能力,增强盈利能力。

因此,在制造商服务化的过程中,强者愈强,而弱者通过向强势的客户学习,也可以更强。拥有规模优势和影响力的制造企业,应充分发挥资源优势,提升管理能力,利用资金优势提供金融服务,利用管理优势提供系统集成服务和全生命周期的运营服务,为众多的中小客户提供大规模定制化的服务,有效进行产品与服务的整合,制定模块化标准化的业务流程,降低成本,引导客户参与价值创造,为客户提供全生命周期服务。而相对较小的制造企业,应以强势的客户为导师,尽可能争取客户的支持与帮助,通过长期延续性的项目合作,来积累技术知识、行业知识和企业管理知识,提升自己的客户管理水平,学习高效标准的过程管理能力,提升自己的运营能力,为客户提供个性化服务,创造差异化竞争优势。

（2）制造商服务化中的客户关系治理

第一，客户价值导向是服务型制造的核心，不管是具有依赖优势或依赖弱势的制造商，都能通过与客户的深入合作而获益。引入客户成为合作生产者，让客户参与全程的产品和服务生产、创造和传递流程，双方共同实现需求的联合创造、价值的联合创造。这既可以为制造商创造源源不断的客户需求与利润来源，实现客户锁定，又可以通过交流与合作，促进知识的积累与转化，产品与服务的创新。产品的同质化是目前全球制造企业面临的难题，创造差异化竞争优势正是制造商服务化的诉求。通过引入客户合作，获取客户的内在价值需求，在此基础上提供一整套解决方案，是企业获取差异化竞争优势的关键因素（格罗鲁斯，2004）。以往制造商以产品为中心的销售模式，不仅造成了自身的利润微薄，更因为客户对自身需求的认识不清以及对上游企业产品的认知模糊，造成了客户的资源浪费。通过引入客户为合作者，为客户提供定制化服务，最大限度地实现了制造商与客户的利益共同增长。

第二，联合行动与知识共享对制造商服务化有正向影响，这证实了制造商与客户的合作，要从一次性交易向长期重复合作转变，从销售产品向积累知识、寻求创新转变。制造商通过与客户的长期反复的沟通与合作，可以积累丰富的客户知识和业务知识（苏芳、毛基业，2012）。长期重复的合作可以提升制造商的特定客户能力（Ethiraj，2005），也可以提升自身的运营能力（Levina，Ross，2003）。制造企业通过开展全生命周期服务，从一次性交易向多次重复交易模式转变，为自身赢得了更长的获利周期（何哲等，2009）。

第三，引入客户合作，从交易关系向合作整合关系类型转变。构建客户信任，是制造商服务化中客户关系治理的要点。信任是组织间关系治理的基础，高度的信任可以减少控制的需求，即使在有价值攫取的可能时也可以避免投机主义行为（Inkpen，Currall，2004）。制造商通过引入客户合作，通过联合行动与知识共享，提供定制化的服务来锁定客户，提升客户信任。这种信任关系将为双方共同降低交易成本，减轻可能的投机性行为，促进组织间共同应对危机的能力，使沟通和交流变得更容易，从而促进知识的积累与转化，促进双方的创新与能力提升。

5.4.2 管理启示

集成解决方案与服务型制造是目前制造商服务化的主要方式,两者在概念与实施上大同小异,都强调客户的参与、产品与服务的整合以及全生命周期服务的转变。集成解决方案强调内部的业务整合与组织结构调整,服务型制造强调全产业链上的分工与合作。本章通过研究制造商与客户间的二元关系对制造商服务化的影响,进一步明晰了制造商在服务化过程中的关系治理要点,是从外部视角对制造商服务化的一次剖析。通过研究结论与分析,提出以下要点。

(1)业务整合上,发挥资源优势,创造差异化竞争优势

先进的技术与雄厚的资金是强势制造商的资源优势,灵活的管理策略是中小制造商的依赖优势,充分发挥各自的优势以构建差异化竞争优势,是制造商服务化的关键。通过剥离非核心业务,聚焦核心技术研发,提升产品竞争力;整合各方资源,为客户提供定制化服务是大型制造商的转型之道。为客户提供从产品供应到服务整合,再到金融服务的全生命周期服务,既为企业创造需求,也避免了客户的资源浪费,实现了价值的共同提升。大型制造商为中小客户提供标准化模块化的服务,塑造客户需求。中小型制造企业发挥灵活的管理优势,提供高度定制化的服务,积累特定的客户能力,共同实现服务转型。

(2)组织结构上,构建客户导向型的前后台型组织结构

客户的依赖优势促进了制造商服务能力的提升,客户导向的运营模式是制造商服务化的关键。在组织结构上,应构建三层组织结构(Davies,et al.,2006)。首先,建立直接面向客户的前台结构,使得传统的只能通过销售端获取的客户知识能快速传递到生产研发中心。以项目为单位的组织结构是可行的,通过营销部门与技术部门人员的整合,可以快速将业务需求转化为生产研发需求,以避免信息传递的失真以及低效率。其次,构建由模块化的产品组与服务组构成的后台结构,作为企业的资源中心。在需求明确的前提下,有效降低资源整合成本,为制造商创造更多利润空间。模块化的产品与服务可以很容易地被理解以及整合到客户解决方案中。最后,通过建立战略中心来控制前后台间的高效衔接。

(3)能力提升上,通过学习进行知识积累与转化

联合行动与知识共享促进制造商服务化水平的提升。关系学习中的这种价值创造行为,为关系双方共同创造了利润。这种学习行为的基础是长期反复的合作与交流,全生命周期的服务模式为制造商创造了从一次交易到多次重复交易的可能性。从一次项目经验构建初期能力,从多次项目经验提炼模块化的产品与服务,这种多次反复的知识积累与转化,提升了企业的运营能力。长期合作的强势客户可以充当中小制造企业的导师,帮助中心制造企业提升沟通和互动能力,以及结构化和标准化的项目管理能力(Su,Levina,2010)。反复多次的项目经验为大型制造企业提炼标准化和模块化产品和服务能力创造条件,通过项目合作中的知识积累,为在多个项目中反复使用的业务创造业务平台,从定制化走向标准化(Davies,et al.,2006)。

5.4.3 结论与展望

在产品同质化严重和制造企业利润日益缩减的今天,制造商寻求转型已不再新鲜。服务型制造和集成解决方案是近年来兴起的转型理念,然而由于相应理论研究的匮乏,大多研究仍停留在理论构建和定性研究的基础上,所构建的转型理念也多从企业内部出发,提出翔实具体的路径与措施。本研究基于资源依赖理论,创新性地从企业外部出发,探讨制造商服务化转型中的关注焦点,即制造商与客户的关系治理,以验证客户价值导向的重要性,以及制造商在转型过程中的自我定位及成长机制。

在定量分析基础上,本章得出以下三个结论:第一,在制造商与客户的交易关系中,强势的制造商并不会阻碍双方的交流与合作,对制造商的服务化程度也不会造成影响。这说明在组织二元依赖关系中,双方权力运用并不相同,企业更愿意采取价值创造行为而不是价值攫取行为。第二,联合依赖和客户拥有依赖优势会促进关系学习,进而促进制造商服务化提升。联合依赖决定了合作的意愿与行为,高度依赖的双方会主动避免损害双方利益的行为,并由于沉没成本的出现,而不断加强双方的合作。客户拥有依赖优势,对制造商施加无形的权力压迫,而且强势的客户拥有制造商所需要的各种资源,从而促进双方的合作。第三,具

有正向的价值创造机制的关系学习,是促进制造商服务化转型的重要因素。关系学习中的联合行动和知识共享两大维度都对制造商服务化转型有正向促进作用,这说明制造商与客户在合作中的沟通与互动,对制造商的知识积累、能力提升非常重要。

为了保证严谨的科学性与严谨性,本章参考众多国内外学术文献和研究方法。然而由于多种原因,研究仍存在以下不足:第一,本章研究制造商服务化转型,但是仅选取了三大行业进行研究,具有一定的局限性。第二,制造商服务化转型的研究仍以理论研究和定性研究为主,本章对制造商服务化程度的定量衡量不够权威。第三,由于关系学习的研究并不很多,界定方法更是多种多样,本章对于这一变量的衡量有待进一步验证。第四,组织间的关系是二维矢量变量,更严谨的做法是进行配对研究,然而由于能力限制,本章并未采取相应研究,缺乏一定的说服力。本章存在的以上不足与局限,为该领域未来的研究提供了更多的可能性,期待后续研究的完善和突破。

第三篇

服务运作篇

FUWU YUNZUO PIAN

6　前后台运作^①

　　自第三次科技革命至今,服务的地位不断上升,并日益压缩制造的"生存空间",尤其是自 20 世纪 60 年代以来,制造与服务的界限越来越模糊,融合的趋势越来越明显。在此背景下,服务型制造应运而生,对此的研究也逐渐拉开序幕。20 世纪 90 年代之后,随着传统制造业生产能力的急剧膨胀,全球开始步入实物产品全面过剩的时代,客户不再满足于对实物产品的需求,而希望制造企业能够提供更多的基于产品全生命周期的个性化服务。随着纯制造业利润空间的迅速缩小,更多的制造型企业开始尝试延伸产品的生命周期,通过提供服务来获利和发展的道路。进入 21 世纪,制造—服务集成的运作模式也逐渐在我国出现并发展起来。

　　但与实业的发展速度相比,对此的理论研究明显滞后。虽然对于制造—服务集成特别是服务型制造的研究国内外都已经开始,许多学者作了大量且多维的研究,但不管是在广度上还是在深度上都比较有限。本文拟在全面、系统地梳理相关理论的基础上,对制造—服务集成的运作模式进行探索性的研究,通过对案例企业的系统集成和项目运作模式的研究和分析,总结出国内制造—服务集成的一般运作模式及其特点,并提出新的前后台运作模型。本章拟通过对浙江中控系统工程有限公司这一案例的研究,进一步丰富和完善制造—服务集成的相关理论,弥补现有研究的不足,也为相关企业提升制造—服务集成水平和创新能力提供实践上的参考。

---

　　① 本章基于以下论文改写得到:李靖华、毛俊杰、朱文娟:《制造—服务集成解决方案商的前后台运作模式:浙江案例》,《科技管理研究》2013 年第 33 卷第 17 期,第 180—185 页。

6.1 文献和框架

6.1.1 前后台

前后台是服务运营管理中的术语,按照与客户的接触情况,将组织结构分为前台和后台业务系统(Metters,Vargas,2000),前台主要负责与客户沟通接触,后台主要工作内容为将非实时和非交易性业务进行规范化和科学化(Metters,Vargas,2000;Safizadeh,et al.,2003)。在保障客户与服务组织接触顺利的情况下,前后台的分离是指降低客户在服务系统中出现的频率。前台是在客户同时在场的情况下,通过面对面、电话、邮件等形式,客户与服务提供商之间直接接触的内容;后台从事与客户间接交流的工作(Broekhuis,et al.,2009)。前后台分离不但遵从客户至上的理念,而且凭借规模优势,将关键业务流程实施再造,提升工作效率(黄美红,2008)。

前后台分离情况下,前后台具有以下不同之处:(1)与客户交流方面,前台经常运用当面或电话接触的方式;(2)客户导向与客户参与方面,相较于后台组织,前台的个性化程度、服务的多样化程度、客户接触频率更高;(3)设计特征方面,前台的工作密集,例外任务多,设备使用率低、偏好运用预约体系;(4)反应能力方面,前后台都需具有高度的灵活应变能力;(5)成本方面,前台需要比后台消耗更多的组织资源(Safizadeh,et al.,2003)。

因此,前后台分离情况下,前台可以为客户提供具有个性化的、增值的、及时的服务,并能和客户一同监控质量,及时获得客户提供的反馈;后台组织依据劳动数量变通工作内容,以应对客户需求的变化,达到节约组织资源的目的,无论是对企业、员工还是客户都具有益处(Broekhuis,et al.,2009)。

将企业的核心技术从外部环境中独立出来(Thompson,1967),将工程生产方法引入服务体系运作过程,前后台分离实现服务效率的提升(Levitt,1972,1976)。为了进行有针对性的设计,在空间位置和人员方面将服务系统的前后台加以区分,与客户接触频率的降低可提高服务效率(Chase,1978);但此种做法也阻碍了客户广泛参与对服务改善带来的积极影响(Heskett,1986)。

制造企业实施服务化战略,其组织架构的变革同样需要借鉴服务运营中前后台组织结构的思想。前台主要负责满足客户的要求,后台为前台组织提供各种支撑服务与产品,并且对前后台组织进行高效调节,保持前后台的平衡(Davies,et al.,2006;李随成、沈洁,2009)。Davies 等(2006)在归纳许多国际著名制造服务化企业后,总结出服务化的具有代表性的一个组织结构,即"三部组织结构"。集成解决方案的基本组织结构由提供内外部功能的后端、面向客户的前端和提供监督与领导的企业战略中心组成(Davies,et al.,2006)。前台部分,主要在于建立客户中心(customer-facing units,CFUs),其目的是控制通向市场的渠道,主要手段有控制购买渠道、入侵客户领域,以及与竞争对手形成战略约定。后台构建,在于建立产品中心(product units)和服务中心(service units),其目的是建立可随意组合的模块化的产品与服务,建立标准化的业务流程。战略中心的作用,在于建立前后台间的有效链接。

尽管前端的客户中心为了满足客户的要求而进行创新和提供独特的解决方案,但是过于强调定制化不利于可重复解决方案的提供(Davies,et al.,2006)。该结构中,为了满足客户多样性的需求,前台的组织成员大都拥有多种能力才可以满足客户的服务需求,但是企业产品和服务的供给还需凭借项目执行团队。后台组织由产品开发、专业服务、系统整合、技术支持等领域的专业员工队伍组成,他们负责开发普通的技术和标准的服务部件或模块,以使其能容易地组合,提供有效的解决方法以满足客户需求。在前后台组织结构下,内部的产品单元必须变得灵活,能够快速响应前台对资源和能力的要求。模块化的、可重用的方法可以降低成本,提高综合解决方案的可靠性。战略中心负责开发战略、组织结构和拟定品牌名称,来支撑整套服务解决方案的输出,并担负起前台与后台之间的协调,即其必须在前端的定制化与后端的标准化之间抉择。

6.1.2　理论框架

2006 年,英国学者安德鲁·戴维斯、蒂姆·布雷迪和迈克尔·霍伯迪联合发表了《构建集成解决方案之道》一文，对制造—服务集成模式展开了较为深刻的探讨，由此开启了集成解决方案的理论研究之路。

他们认为，提供集成解决方案的四个关键能力为系统集成、运营服务、商业咨询和金融服务。系统集成的核心能力是要求能阐释、设计、集成一个解决方案内硬件和类似于构成移动通信网络系统的嵌入式软件等物理部件；本质上，系统集成的工作就是确保系统对于客户的价值大于组成部分的总价值；创造价值的挑战集中于越来越高的系统技术复杂性。运营服务包括维修、配件供应和培训等无形服务与嵌入实体产品的诸如故障报告和远程诊断系统的软件服务。商业咨询是指集成解决方案供应商通常会提供一些关于如何识别、诊断和解决运营性及战略性问题的建议，制定业务计划等。金融服务则可能是以利益相关者价值共享的形式来降低系统的采购价格以换取未来运营周期内产生的价值的比例，或者通过参与资产管理以降低成本和延长产品安装基础的运营周期。

Devies 等在总结多家世界知名集成解决方案商的基础上，建设性地提出一个"三部组织结构"来抽象提炼制造—服务集成的一般架构，包括前台（客户中心）、后台（产品中心和服务中心）和战略中心，如图 6-1 所示。

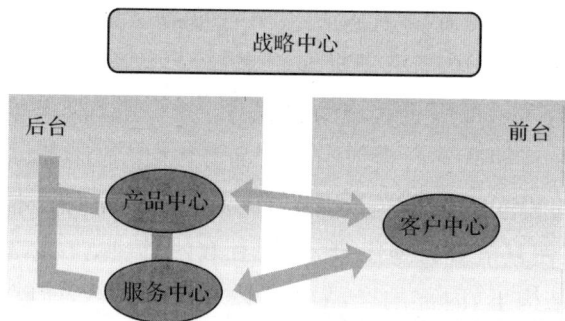

图 6-1　制造服务化企业"三部组织结构"

资料来源：Davies A，Brady T，Hobday M. Charting a path toward integrated solutions[J]. MIT Sloan Management Review，2006，47(3)：39-48.

此模型中，前台的客户导向团队负责与客户衔接、明确价值定位、整合系统，并提供运营服务。为了满足客户持续多样的需求，这些团队必须是多技能和跨职能的，以使公司后台的产品和服务能力通过项目执行团队得以顺利输出。模型中的后台组织提供已解决产品和服务的普通部件,后台由产品开发、专业服务、系统整合、技术支持等专业员工队伍组成。从宏观角度来看,战略中心必须开发战略、组织结构和品牌名称,对于鼓励前后端和内外部能力供应商的合作负有全责。在这样一个三级组织结构中,前台的客户导向团队必须向后台组织进行知识传递以协助"已完成方案"组件的持续发展,后端组织则必须把今天的定制解决方案变为明天的标准化供应,而战略中心则负有掌控战略方向和连接前后台的责任。

　　此模型经过了严格的验证,并在不同的企业中得到了体现,故本研究将以此模型作为理论框架,对浙大中控集团的项目实施(以系统工程公司 SK 项目为例)进行案例分析,并通过一系列的访谈与讨论,总结出符合我国实际的制造—服务集成前后台运作模型。

6.2　案例背景

6.2.1　浙大中控集团

　　浙大中控集团始创于 1993 年,是中国领先的自动化与信息化技术、产品与解决方案供应商,业务涉及流程工业自动化、公用工程信息化、装备工业自动化等领域,以及科教仪器、机器人、太阳能等新兴产业。成立20 余年来中控一直专注于自动化控制系统的开发和研究,规模也越来越大,至 2012 年集团旗下设有 16 家子公司、1 家研究院、17 家分公司、3 家海外分支机构。浙大中控集团 1993 年开始推出自主研发的 DCS 产品,并建立了一支销售队伍推广 DCS。从 2002 年起,公司开始涉足集成业务,将流程工业自动化需要的现场仪表和 DCS 集成在一起,设计出能够满足客户要求的方案。从 2006 年起,浙大中控集团则开始面向不仅仅是流程工业而是全面的工业自动化领域,提供方案咨询、设计、产品集成、工程实施、售后服务等全生命周期的服务,开始从产品提供商、集成商向服务的提供商转变,向提供综合解决方案的方向前进。图 6-2 简要描述了这一历程。

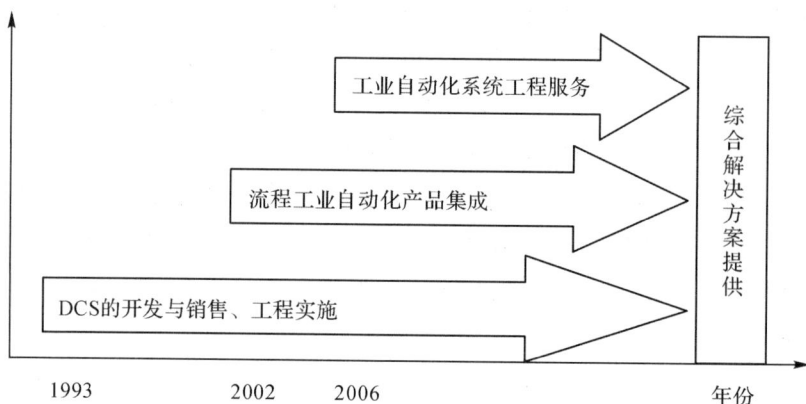

图 6-2　浙大中控集团业务发展历程

6.2.2　浙江中控系统工程有限公司

浙江中控系统工程有限公司（以下简称中控系统）是中控集团的核心子公司之一，成立于 2011 年 3 月 31 日。公司以总包形式提供自控系统技术改造和新项目的设计咨询、控制产品、电气仪表成套、自控现场安装与调试等全方位的工程服务，为工业企业提供 In-plant 全面自动化整体解决方案。公司成立后迅速壮大，与 GE、EMERSON、横河施耐德、ABB、梅特勒-托利多、DELL、LENOVO、HONEYWELL、SIEMENS 均有着密切的合作。公司以仪控系统工程、整体方案和服务为业务方向，主营成套业务的拓展、技术支持、采购与项目实施，围绕集成能力提升的主旨，充分利用并发挥中控品牌、平台、人才、技术、产品等各方面优势，拓展 MAC、MAV 等业务，实现中控工业自动化事业愿景，力争做中国最好的自动化系统集成商。

现代商业的发展使得服务的外延越来越大，用户的需求越来越高，制造型企业在运营尤其是仪控总包项目中无法满足客户的要求，需要一个适应市场的平台。市场和需求决定模式，模式需要平台支撑。正是在此背景下，中控系统作为中控集团制造—服务集成的第一平台应运而生。

为了提高集成业务的运作效率，避免之前项目交叉运作所带来的弊端，中控系统在项目的运作体制上也作出了新的尝试。公司不仅将项目制作为提供综合解决方案的主要运作模式,还通过建立独立的行业事业部在特定领域内开展"一条龙"式的集成服务,公司的食品饮料事业部就是一个典型的例子。

6.2.3　食品饮料事业部

食品饮料事业部是中控系统里一个相对独立的事业部,因其主打食品饮料(酒类)而得名,部门业务活动范围包括销售、回款、工程实施、售后服务、工程设计、应用软件开发、技术支持、市场推广等。事业部也实行项目制,但有所区别的是,从竞标销售到工程设计,从现场调试到后勤服务,基本上实现独立运作,综合解决方案全生命周期管理的特征更为明显。制造—服务集成是事业部最主要的运作模式。食品饮料事业部组织架构如图 6-3 所示。

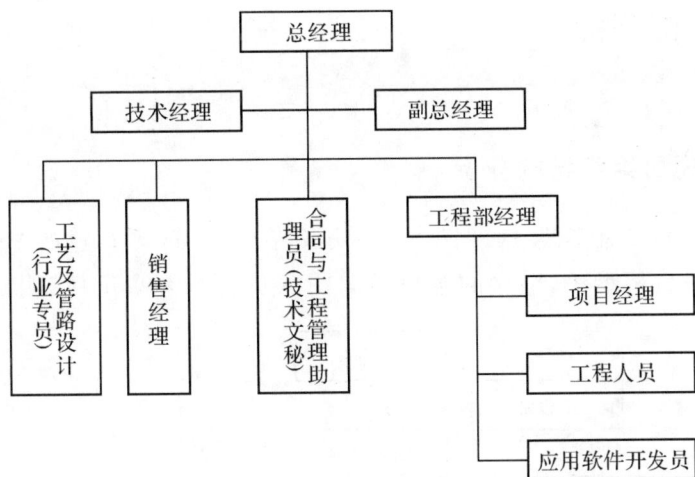

图 6-3　食品饮料事业部组织架构

6.2.4　SK 项目

SK 项目是 4 万 kL 黄酒项目自动化控制工程,为系统交钥匙工程。项目于 2011 年 10 月 8 日开工,2012 年 2 月 29 日竣工,总共历时 150 天,实施地址位于绍兴县某黄酒产业基地。项目由中控系统食品饮料事业部承接。

项目拟通过自动化技术、计算机集成制造技术等信息化技术在酿造、压榨、发酵、煎酒、制曲等关键生产环节上的深度应用,来推动黄酒生产装备数字化和生产过程智能化,实现黄酒生产由传统制造向现代智能化和自动化制造的改造提升,打造全数字化的智能型黄酒酿造企业。项目集成内容包括:本系统的自动化设计;黄酒酿造/后酵/压榨/CIP 系统的自动控制;黄酒酿造关键工段的视频监控系统的设计;电气设备、仪表、自控系统及附属设施的采购、制作、安装和调试;其他与中国黄酒产业基地黄酒自动控制工程相关的部分设施的采购、制作、安装和调试;实现与过滤系统、制曲系统等采用单机控制的系统通信,从而实现从原料预处理、浸米、放浆、米输送、蒸饭、米饭输送、发酵、压料倒罐、压榨、澄清勾兑、煎酒灌坛整个黄酒酿造过程的自动化控制。这是一个提供制造—服务集成综合解决方案的典型案例。

6.3 案例分析

6.3.1 项目组织结构分析

SK 项目的组织架构如图 6-4 所示。在 Davies 等构建的"三部组织结构"前后台模型中,前台的客户导向团队负责与客户衔接、明确价值定

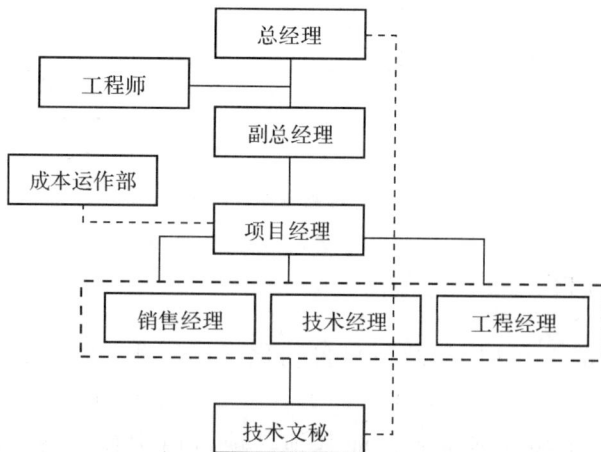

图 6-4 SK 项目组织架构

位、整合系统,并提供运营服务,后台组织由产品开发、专业服务、系统整合、技术支持等专业员工队伍组成,负责提供已解决产品和服务的普通部件,而战略中心对于鼓励前后端和内外部能力供应商的合作负有全责。就 SK 项目的执行来看,事业部领导和销售经理是最早介入进去的,即在项目跟踪阶段。此时,他们(指事业部领导和销售经理)相当于起到前台的作用,直接与客户接触,了解客户需求,并主持招投标工作的进行。正如事业部副总经理在访谈中所说的:

> 就具体的项目而言,销售人员应该是内外部的第一接口,因为他们介入的时间最早,从项目伊始,即招投标阶段就介入了。一般来说,客户也比较认销售人员。但在具体的项目中,公司(事业部)领导也起到前台的作用,直接与客户沟通,是公司对外的另一个窗口。

在与业主签订正式合同之后,项目组成员以及协作关系逐渐明确。此时前后台的分工也显示出一定的区别,前台主要负责与商务有关事务(而此时商务的中心逐渐由销售经理转向项目经理),后台的职责则相对较为复杂,包括设计、采购、工程服务、产品制造和售后服务等;概括来讲,这也就是模型后台的产品和服务两个模块。但有些阶段的环节比较复杂,如施工阶段,工作内容除了设备采购和自有产品制造之外,主要是(现场)工程服务,工程服务又包含发货、安装、编程、联调等;服务阶段,工作内容可能涵盖工艺调整、设计变更和故障处理等。值得注意的是,由于制造和集成水平的限制,目前产品模块分为自有产品和外购两个部分,二者的比例因项目而异。就 SK 项目的实际情况而言,一部分是自有产品,包括 DCS 系统、部分阀门和仪表,其他部分则通过外部购买。

在这种模式下,后台的位置不断前移,并且供应商也被纳入该项目中,产品中心和服务中心依靠技术人员,技术人员和工程人员成为联系前后台的桥梁。后台前移带来的组织架构变化如图 6-5 所示。

在此过程中,项目经理制定项目进度计划、采购计划和项目实施计划,统一协调;采购人员同时进入项目组,项目经理根据项目再配备技术和工程人员,保证项目正常运作。那么,此时起到联系前后台作用的项目经理是不是就相当于战略中心呢?事业部副总经理给出了他的看法:

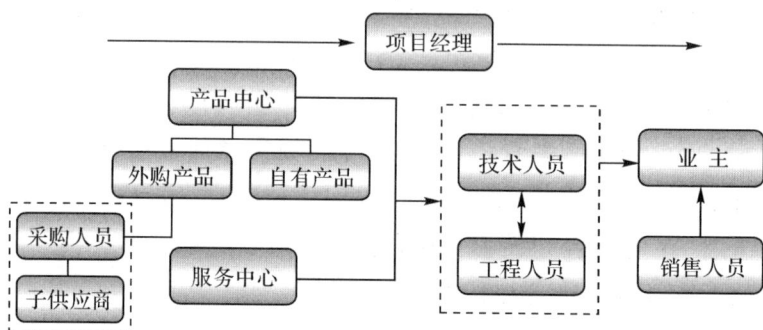

图 6-5　后台前移带来的组织架构变化

　　每个项目都有一位项目经理,项目经理在某种程度上实际上也起到了你们所谓的"战略中心"的作用,他们需要把握整体的方向,需要十分谨慎地进行风险控制,需要处理好前后台之间的关系,从宏观上把握整个项目的进度。

对此问题,公司主管项目管理部的副总经理则给出了更明确的说明:

　　项目经理是整个项目的协调人,包括跟业主的协调,包括内部各个部门间的协调,包括有时也要跟政府的相关部门,比方与检验、质检站协调,这些工作主要由项目经理出面。

实际上,在 Davies 等的模型中,战略中心的位置最为重要,负有掌控战略方向和连接前后台的责任,直接关系着项目的成败。但是,在项目的具体运作中,战略中心的概念会被弱化。一般来说,战略中心起到内外部资源管理调度的作用,具体职责包括过程控制、商务关系处理和资源调配等。在 SK 项目中,战略中心的作用有三点:一是前后台流程设计,即项目章程设计;二是监督与过程控制;三是突发事件的解决。该项目的工程部经理则给出了他对战略中心的看法:

　　"战略中心"其实会在项目执行中被弱化,而且不会涉及项目的具体运作。对外除了商务、销售人员之外,战略中心相对来说更官方更正式,但他们(指战略中心)不会参与具体的细节设计等,主要对大的方面有个把握。举个简单的例子,客户(业主)提出初步的设计要求,项目组提供草案提交客户审核,客户传达修改意见,项目组再形成第二版方案。在这个滚动优化的过程中，战略中心就起到了一个传达和交流的作用。

通过以上分析，结合 SK 项目的实际情况，我们不难发现，在行业解决方案不断走向标准化的集成项目中，从组织结构上来看，研发、制造和工程服务的作用不再局限于后台，而后台的范围也不断向前延伸，前后台的界限趋于模糊；而战略中心一方面在概念上被弱化，另一方面则与项目经理的角色有所重叠。

6.3.2　项目实施流程分解

SK 项目是食品饮料事业部成立之后第一个大的总包项目，拟采用 DCS 系统与 MES 系统，利用自动化技术、计算机技术、数据库技术等先进计算机集成制造技术，通过先进控制软件及 MES 系统、现场总线技术、计算机网络技术实现三电（电气、仪表、计算机）集成，将基础自动化控制网络、过程和管理控制系统连接在一起，对生产过程实行实时监控与优化管理，实现黄酒酿造全自动生产与数字化管理。作为大集成项目，SK 项目在运作中具有制造—服务集成解决方案的典型特点，其流程也相对完善。

而通过对项目经理的访谈，我们进一步细化了项目实施的流程，并根据详细的内容描述总结出如表 6-1 的对照关系，表中根据"三部组织结构"前后台模型对不同阶段责任人进行了相关定位。

表 6-1　SK 项目流程分解及责任人工作明细

项目阶段	责任人	主要工作	关键事件	角色[1]
项目跟踪	销售经理	关注项目，提供资质	进入竞标	前台
投标	事业部高层	与业主高层交涉	拿到中标书	战略中心
	销售经理	主持投标工作		前台
	技术支持	配合报价，了解需求		前/后台
前期设计	项目经理	调配资源，统筹项目	签订合同/设计联络会	战略中心
	工程经理	分解工程方案		前/后台
	技术支持	配合工程，明确设计		后台

续表

项目阶段	责任人	主要工作	关键事件	角色
项目实施 1	项目经理	调配资源,进度控制	开箱验收/ 进场安装	战略中心
	工程人员	指导监督		前台
	采购经理	主持采购工作		后台②
	技术支持	配合实施		后台
项目实施 2	项目经理	调配资源,进度控制	试车	战略中心
	工程人员	回路测试、联调		后台
	销售经理	特殊情况处理		前台
项目实施 3	项目经理	主持工作开展	验收和回款	前/后台
	工程人员	主持项目开车		前/后台
工程维保	项目经理	主持项目总结	续签 维保合同	战略中心
	工程人员	负责维保		前台
	销售经理	质保金回款		前台

注:①此处的角色分类根据前后台模型的三个基本概念,前/后台表示兼有二者的角色,但前台的作用更明显。②采购经理不属于严格意义上的后台,角色向子供应商而并非业主倾斜。

由表 6-1 的项目流程分解不难得出与从项目组织结构直接分析得出的相似的结果。战略中心并未参与到项目的具体实施过程中,而中标之后更多的是项目经理承担了战略中心的职责;而与此同时,前后台之间的自主联系增多,界限随着项目的加深也变得模糊。这种模式的结果之一就是与业主的接口可能同时出现好几个。对此问题,公司总经理形象地说:

> 与客户接口的肯定不止一个人。试想,一个大项目,每天有多少邮件往来,如果都由项目经理来回复和处理,基本上是不可能的。那肯定是客户那边管质量的直接跟我们这边管质量的经理联系;客户那边管文控的,跟我们这边管文控的经理联系。项目经理不是通信员,不能去完全承担这个职责,必须进行对口交流。

从项目流程上看,在行业解决方案不断走向标准化的集成项目中,根据项目的推进,不同的责任人在不同的项目阶段有着不同的职责,其前后台的定位也随之发生改变,并非完全吻合模型中相对固定的模式。

6.4　案例讨论

6.4.1　关于前后台

从以上对 SK 项目组织结构分析和实施流程分解的结果可以得出结论:国内制造—服务集成已形成相对固定和成熟的前后台运作模式,但与集成程度更高的西方发达国家同领域企业仍存在较大的差距和差异;而西方对此的典型研究成果,即 Davies 等的"三部组织结构"前后台模型,也并不完全符合我国集成领域的实际情况。

在我国,当前的制造—服务集成仍处于探索阶段,项目实施过程中的前后台也呈现出两个明显的特点:一是结构化较模糊;二是过程性更明显。访谈中,事业部总经理就这个话题明确提出了自己的观点:

> 前后台界限比较模糊,尤其是小项目,不一定分得如此清楚。比如,与供应商直接接触的不一定就是销售人员或者商务人员,也有可能是采购人员或者技术人员。当然,大项目相对会清晰点,统一的接口十分重要;此时的前台直接面向客户了解、协商并向后台反映客户需求,后台包括技术、采购、后勤等则根据需求(并非一成不变的)进行制造和服务的模块化响应,包括技术和商务细节。但在实际中,随着项目的深入,前后台的角色会存在变化甚至对换的情况。我认为这是基于项目的特点,并非是一种颠覆或毫无章法。

据经验丰富的项目经理介绍,这也是这种制造—服务集成业务开展模式的一般特点,即前后台有一定的界限,但随着项目进度会有所变化。

6.4.2　关于战略中心

在"三部组织结构"前后台模型中,Davies 等认为,为了促进知识和信息的快速、充分流动,一个强大的战略中心必须建立前后台组织间的高效联系,必须合理权衡前台的定制化拉动和后台的标准化推动。而从上文的分析可以看出,在我国的集成项目中,战略中心并未起到或完全起到这样的作用。换言之,在某种程度上,这更像是项目经理的职责。

对于战略中心的位置和作用,公司副总经理这样看:

> 超大型项目,需要有个领导小组,领导小组从风险把握、指导方向上作整体把控。当然,项目经理由领导小组确定,项目经理就成了领导小组的代言人。项目越大,项目经理的责任越大,所承担的战略责任也越大。

不论是从访谈还是从案例的理论分析,我们都不难发现,项目经理实际上在项目实施过程中更多地承担了战略中心以及连接前后台的职责。对此,事业部副总经理的回答简单明了:

> 每个项目都有一位项目经理,项目经理在某种程度上就是所说的战略中心,他们从宏观上把握整个项目的进度,把握整体的方向并进行风险控制。他们不仅是与业主沟通的重要桥梁,同时也是前后台联系的最主要纽带。

那么,项目经理具体又从哪些方面履行了相关职责呢?对此,我们访谈了公司总经理。他履历丰富,曾担任多个大项目的项目经理。当听到这个问题时,他对项目经理的职责和工作作了如下生动而具体的岗位描述:

> 关于项目经理的职责,第一,组建好项目团队,让合适的人在合适的岗位上,这是最重要的事情;第二,建立一些日常制度,比如例行汇报、例行会议,把控日常事务运作;第三,特殊情况的处理,如进度、质量方面的特殊事件,项目经理必须及时负责处理;第四,与用户相关岗位的人对口沟通。项目经理,最重要的工作是沟通,包括跟用户,也包括跟自己人的沟通。项目经理70%的工作用于沟通。

由以上论述可以得出结论:在目前的集成项目实施过程中,战略中心的概念被弱化,职责也存在转移至项目经理的情况。

6.4.3 关于制造—服务集成模式

尽管我国对制造—服务集成的研究才刚刚起步,但国内这种模式的开展已经初具规模。而这种模式之所以能迅速发展起来,一方面是契合

了制造—服务融合的时代环境,另一方面则是经济规律的自然选择。对此,副总经理说道:

> 现在说起来,产品供应商、业主的要求,不光是提供产品给客户,因为许多产品含了高科技在里面,客户不一定马上能用得了,所以他会有服务或者工程分包的需求。现在好多项目,比如交钥匙工程(即综合解决方案),也是这个意思。因为服务的外延越来越大了,用户的需求和要求更高了。产品制造与服务,慢慢用户也要求你含到一起,现在好多是总包项目,MAV、MAC、仪控总包,就是制造加上服务。

但就我国的实际来看,这种模式的起步和发展仍落后于西方发达国家。这是由于存在以下几个关键点:一是销售人员在签合同之前招投标的过程中与客户关系的密切程度;二是项目经理的经验和能力;三是对质量和安全的把握程度;四是对资金的总体控制能力。

6.4.4　结论

本章从组织结构和项目流程两个角度对中控系统的食品饮料事业部 SK 黄酒项目的集成业务模式展开了详细的分析,并以访谈的形式对公司制造—服务集成的前后台模式进行了深度的讨论和探索。结论是,与 Davies 等的前后台模型相比,我国制造—服务集成综合解决方案商的业务运作以项目制为主,并存在前后台结构化较模糊、过程性更明显,以及战略中心概念弱化和职责转移的典型特点。

7 呼叫中心模型

呼叫中心自 20 世纪末从西方引入我国。呼叫中心的主要通过信息技术为客户提供更好的服务,改善与客户的关系,更好地满足客户需求。功能强大的呼叫中心有助于以客户为中心的经营模式的顺利运营,在维持服务渠道畅通的同时,还可以保留老客户、吸引新客户。此外,呼叫中心还能提高工作效率、降低劳动成本。与此同时,越来越多的制造企业尝试外包或减少生产制造的环节,并且不断开发、拓展与制造相关的服务项目,以满足客户个性化、多样化和知识化的需求。

呼叫中心是一种典型的前后台服务运营模式,在 Davies 等提出的关于集成解决方案前后台的"三部组织结构"中,运用服务运营中前后台的组织思想,其中战略中心起到了平衡前后台管理的作用。但组织前后台分离在改善组织绩效的同时也带来了不利影响,如前后台沟通困难、目标不一致而引发冲突等。因此,在前后台分离的情况下,界面管理协调界面双方的作用很重要,起着类似于战略中心的作用。

7.1 界面管理

7.1.1 界面的概念

"界面"这一概念源于工程技术领域,主要用来描述各类仪器、设备、部件及其他组件之间的接口。由于界面这一术语能够很好地表达各种物体间的连接状态,说明要素之间的连接关系,于是,被学者借鉴到了企业管理领域（吴秋明，2004）。

关于界面的概念有代表性的有：界面即企业为完成或解决某一问题，各部门、各成员之间在信息、物资、财务等要素交流方面产生冲突的区域（官建成、靳平安，1995；刁兆峰、余东方，2001）。该定义从交互作用角度出发，准确地表达了企业间的相互影响。也有学者从联结角度出发，认为管理界面其实是为了方便分析者更好地理解关系的一个学术概念，不是一个实际存在的结构，而是一种联结结构（Etzkowitz，Leydes-dorff，2000），是单元之间彼此沟通形式、接触方式和交叉的组合（吴涛等，2003）。从职能部门间关系的角度理解，界面存在于至少两个不同的通过组织规范及准则区分开来的子部门之间，在其职权范围内，这些子部门均具有独立的行为（官建成等，1999）。系统的观点认为，界面是系统边界的一种形态，每个系统都有自己特定的活动领域，系统与环境区分开的界限就是系统的边界（章琰，2003），即系统构成关系在起作用与否之间的临界点。从界面交流的内容上看，界面不是一个地点或组织，而是特定的知识流相互作用的过程（Patrice，2000）。

现有研究把企业界面管理分为三个层次，第一层次为用户—制造商之间的界面；第二层次为市场营销—R&D—生产制造之间的界面；第三层次为职能内部界面（郭斌等，1998）。

7.1.2 界面管理

最早开始研究界面管理都是通过对 R&D 管理的研究而进行的，如研发与营销界面（Gupta，et al.，1987；Souder，Chakrabarti，1978；Brockhoff，Chakrabarti，1988）。界面管理，从字面意思理解，即情报信息的交流与沟通的组织模式及管理方式（官建成等，1999）。

界面管理的定义有很多种，王德禄（1999）认为，界面管理是指企业协调界面双方，将重要的界面关系纳入管理状态，以实现对管理对象良好的控制、协调和沟通。从控制、协调与沟通三方面出发，界面管理是指为完成同一任务，企业需要处理企业之间，企业的各组织部门、各有关成员之间在信息、物资、财务等要素交流方面的相互作用，解决界面双方在专业分工与协作需要之间的矛盾，实现控制、协调与沟通，提高管理的整体功能，实现企业绩效的最优化（李凤莲、马锦生，2002）。徐磊（2002）从界面环境角度出发,认为界面管理就是设计并保持一种良好的界面环境,使得跨界面的交流、协调、合作能够有效进行。Wang 和 Montaguti (2002)认为,界面管理主要是企业市场、研发和制造等部门之间的跨职能交流与整合。Crumrine 和 Nelson 等(2005)认为,界面管理是组织为保证及时有效的沟通,对平行或垂直部门之间相关合作活动的管理。

由于各管理单元所拥有的知识、目标具有差异性,在运作过程中产生和涉及的信息具有黏滞性,并且各单元的组织性质、策略、成长背景也有差异,造成其文化内容也有很大的差别,各管理单元在有交集的区域就会产生目标、行为、文化等方面的矛盾与冲突(郭斌等,1998)。因此,协调界面矛盾、减少界面冲突是界面管理的主要任务。界面管理的实质,就是对界面双方进行联结,将重要的界面关系纳入管理状态以实现控制、协调和沟通,提高企业绩效。

7.2　资源基础观

资源基础观理论最早由 Wernerfelt(1984)提出,他将企业资源定义为给予企业优势或劣势的东西,指在给定的时间里,那些半永久性属于企业的有形和无形资产,比如品牌、企业内部的技术知识、员工的个人技能、交易合同、有效流程等。Wernerfelt 资源基础观的提出,从企业内部视角解释了企业竞争优势的来源。企业通过组织和利用所具有的资产、流程、企业信息、知识等企业资源,来发挥企业力量(Barney,1991)。Barney(1991)将企业资源分为三类,分别为物质资本资源、人力资本资源和组织资本资源,其中组织资本资源包括企业的正式报告结构,正式和非正式的规划、控制和协调系统,以及企业内部群体之间、企业与其外部环境中的群体之间的关系。Grant(1991)进一步细化了企业资源的划分范围,将企业资源分为六类,即财富资源、物质资源、人力资源、技术资源、声望资源和组织资源。Amit 和 Schoemaker(1993)将企业资源理解为企业拥有或控制的要素存量,包括可交易的专有技术(如专利或授权)、财务或物质资源(如产权、工厂和设备)、人力资本等。Das 和 Teng(1998)提出企业资源可以具体分为物质资源、财务资源、技术资源和管理资源。

　　Grant(1991)提出,可以通过 4 个特征来评价企业的核心能力,分别为占有性、耐久性、转移性和复制性。Raphael(1993)认为,可以将企业资源特性描述为不可替代性、可占用性、转移性和稀缺性。基于对已有成果的总结,Barney(2001)将战略性资源异质性的特性概括为不可完全模仿性、稀缺性、组织性和价值性。

　　资源基础观的核心观点在于,企业资源是企业形成核心竞争力的重要来源(Barney,1991)。而这些具有价值的资源必须具备 3 种重要属性才能发挥这种竞争优势,即价值性、稀缺性和难以模仿性,其中资源的价值性是指那些能真正形成竞争力的资源,而并非辅助资源(Barney,1991)。但是,也有研究不断表明,即使是相同的资源,对帮助企业获取竞争优势具有的功能也不尽相同。而这些功能的实现需要企业资源通过一定的捆绑集成的方式,才能发展成为能力,从而获取价值(Jlittner,Wehrli,1994)。也就是说,需要将这些资源进行有效的组织和配置利用,只有当这些资源的数量和种类达到一定程度才能创造出价值。而这种资源配置是否合理有效,取决于企业能力,也表现为企业通过组织、调配和利用资源最终创造价值,这一系列价值创造过程就是资源管理过程(Sirmon,et al.,2007)。

　　国内学者宝贡敏(2001)提出企业具有两种典型资源,一种是企业资产,一种是企业潜能或技能。企业资产是企业提供价值的商品或服务要素,而企业技能则是企业发挥和利用技术、知识和方法等能力。晏双生(2006)认为,广义的企业资源可以分为企业存量资源和流量资源,流量资源表现为企业的能力。柳青、蔡莉(2010)在研究企业资源开发过程中将企业资源分为人力资源、财务资源、物质资源、技术资源和组织资源。陈闯等(2009)在分析战略与资源这两种因素分别对新创企业与成熟企业成长绩效的影响方式时,将企业资源分为通用性资源和专用性资源两类,并将通用性资源分为人力资源和财务资源。

　　基于已有的研究,罗友花(2009)总结了两种划分标准,即表象性标准和功效性标准。根据表象性标准,可以将企业资源划分为有形资源和无形资源;内部资源和外部资源;单一性资源和结构性资源。根据功效性标准,可以将企业资源分为一般性资源和战略性资源。何景成、张金隆(2008)从资源的使用价值角度,将企业资源分为实有资源和虚拟资源。

7.3 模型

7.3.1 研究模型

企业在应用一种全新的商业模式时，往往意味着业务流程的重新组合，不仅是简单的产品线调整，或服务内容的调整，应用全新的商业模式，带来的挑战可能涉及企业的各个层面（李靖华等，2012）。Davies 等提出的关于集成解决方案的"三部组织结构"中运用了服务运营中前后台的组织思想，其中战略中心起到了平衡前后台管理的作用。而在对组织前后台分离的研究文献中，我们看到组织分离在改善组织绩效的同时也带来了不利影响，如前后台沟通困难、目标不一致而引发冲突等。因此，在前后台分离的情况下，界面管理协调界面双方的作用很重要，起着类似于战略中心的作用。

而本章之所以不直接采用 Davies 等的"三部组织结构"，原因有二：其一，虽然该组织结构是在制造服务化背景下提出的，但主要针对集成解决方案提供商，而本章主要是针对制造企业的呼叫中心，其实用性将受到质疑。其二，本章的研究立场是从呼叫中心的视角出发探讨其在为客户提供服务的同时，后台组织对其任务完成给予的支持，以及二者间的交互情况。

因此，本章关于制造企业呼叫中心与后台组织结构，是在 Davies 等的"三部组织结构"基础上，用界面管理代替战略中心所起的作用，及呼叫中心与后台组织间的界面管理。其中，前台就是呼叫中心本身，后台包括研发部、维修部、产品部等其他部门。呼叫中心的模型构建如图 7-1 所示。

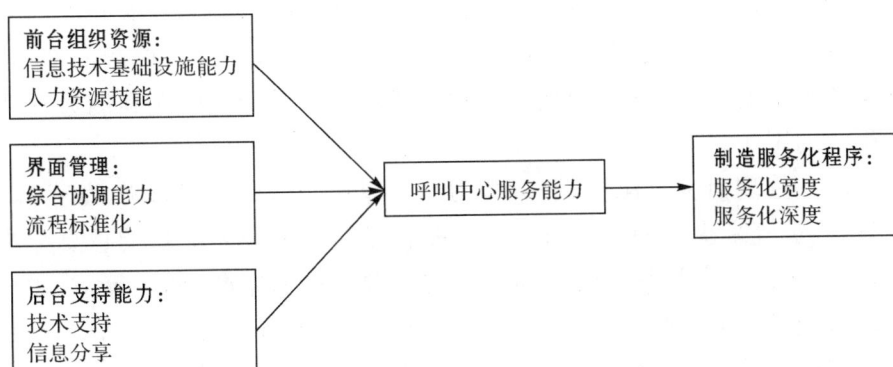

图 7-1 呼叫中心模型:制造服务化的前因

7.3.2 呼叫中心的服务能力

Makadok(2001)将能力定义为"那些用于提升企业资源效率、嵌入于组织内部的不可转移型专用性资源",一般表现为企业通过优化、组织人力资源、物质资源和技术资源,形成产品创新,提高服务可靠性,缩短产品开发周期等。Sundbo(2002)指出,服务型企业必须通过提高服务质量来获得竞争优势。Chee(2009)认为,企业能够通过提高服务能力获得竞争优势,服务能力为利用硬件设施的能力,提升人力资源、信息获得、知识运用和关系资源获得能力,以及对这些资源有效整合的能力。因此,本章认为呼叫中心服务能力是在所有服务要素整合基础上所呈现出的服务表现,它既包括服务人员的行为表现,也包括环境、设施、用品等综合服务要素所呈现的服务状态及结果。

当企业拥有的资源有限时,企业通过将资源转化为服务,然后将服务传递给所需客户,满足客户需求,服务能力最终是通过服务企业满足客户预期需求的能力来衡量的(刘文华等,2011)。

7.3.3 前台组织资源

现在企业之间竞争已由产品本身的竞争迈向了服务的竞争。优质的售前、售中和售后服务会帮助企业吸引和留住客户,从而获得竞争优势。呼叫中心作为能融入制造环节的服务之一(安筱鹏,2012),可以帮助企业提高服务质量,让客户满意,因其应用于客户服务的特性而被人们称为客户服务中心。呼叫中心可以提供个性化的服务,对客户的问题给予及时的解决和反馈。因此,呼叫中心作为与客户直接接触的部门,其服务水平的高低、解决问题的及时性都对企业的形象、获利能力等产生很大的影响。

服务管理研究文献中,服务能力基本是由企业的有形资源,如设施、设备、人员等来决定的。适当的资源配置是新服务开发成功的重要影响因素,很多开发项目都因财力和人力的资源缺失而中断(杨雪等,2009)。在制造企业中成立呼叫中心本身就是一种新服务开发的行为,加之对资源基础观的综述,可以得出资源对能力的构建起着非常重要的作用。

(1)信息技术基础设施能力

信息技术基础设施能力是信息技术基础设施为企业提供可靠服务的能力,信息技术基础设施是硬件、软件、通信技术、数据和核心应用等要素的综合结果(Broadbent,et al.,1999)。信息技术基础设施可以帮助企业实现不同应用间的连接,使组织内外部的信息实现共享,从而获得规模经济效应(陈凤霄、黄丽华,2003)。

首先,信息技术基础设施能力能促进业务部门之间的协同,获得更准确和实时的信息,减少信息不对称现象的出现,降低协调成本和交易成本,缩短企业作业流程的时间,从而提高生产效率(Barney,1991;Rumelt,1984;Bharadwaj,et al.,2000;Duncan,1995)。

其次,这种能力能加强与上下游企业的联系,扩大企业的销售范围,及时获得市场的信息,不断创新产品,提升客户关系管理及市场份额,从而提高企业的绩效(Sambamurthy,Zmud,1992;Broadbent,Weill,1999)。

最后,信息技术基础设施能力对企业保持长期竞争优势具有正向作用(Weill,Broadbent,1998;Keen,1993;McKenney,et al.,1995)。

呼叫中心作为一个信息流的控制工具,必须利用先进的科技手段,保证信息分享的流畅(赵溪,2006),先进信息技术可以改善企业与用户接触的广度与深度。

(2)人力资源技能

人力资源技能主要包括培训、经验、关系及员工的洞察力(Barney,1991;Grant,1991)。Hansen和Wernerfelt(1989)发现,与战略和经济因素相比,人力资源因素有利于企业利润的提升,服务人员的职业素质与其服务客户的能力有直接联系。Mills（1986）指出，服务人员内在的技能与专业知识是影响服务绩效的重要因素。员工是价值链上的主要环节，许多学者的研究表明员工素质对企业的可持续发展、竞争优势起着重要作用（Churchill，Lewis，1983；李书玲等，2006），Hansen 和Wernerfelt（1989）也发现，人力资源因素对企业绩效的贡献比战略、经济因素的贡献要大。呼叫中心的服务必须由客服人员来完成，所以优质的客户服务对呼叫中心的人员素质提出了较高的要求。

呼叫中心客服人员是与客户互动的一线工作者，成为企业与客户交流的中间人，客户对企业的看法主要从客户对呼叫中心服务水平的满意程度上反映出来（赵溪，2006）。与服务业的呼叫中心相比，制造企业呼叫中心最大的不同是，制造企业提供的服务更具专业性，从业人员需接受专业性培训才能为用户提供服务，即服务业呼叫中心的坐席人员替代性较高。制造企业的呼叫中心的服务以高素质的人才为基础，所以，本章主要从员工文化程度与培训两方面来考察其人力资源技能。

7.3.4　后台支持能力

呼叫中心作为一种综合信息服务系统（李跃，2005），为客户提供一系列的服务与支持时，需要各种组织资源，包括人力、设备、资金、信息、技术等。其中，信息和技术需要从后台组织获取。后台组织可以在很多方面支持前台服务的传递，没有后台组织的支持，前台将无法为客户提供个性化服务。

（1）技术支持

为了提高服务效率，Thompson（1967）提出将组织的技术内核部分与外部干扰分离，于是形成了前后台分离的概念。前台组织是不涉及技术核心部分的，而制造企业提供的产品是有形的，且制造企业的呼叫中心在为客户服务的时候，在线解决客户问题的能力有限，很多时候需要去现场解决，于是后台组织的技术支持在对呼叫中心解决客户问题方面起着重要作用。在这种前后台的组织机构下，内部的产品部门，必须学会灵活并可以及时响应前台对能力和资源的需求（李随成、沈洁，2009），同时企业的技术能力也影响用户参与的积极性（Morrison，et al.，2000；Luthje，2004）。因此，后台组织对呼叫中心的技术支持在服务客户的过程中起着很重要的作用。

（2）信息分享

信息分享指将关键的、专有的信息分享给其他伙伴的程度（Monczka,et al.,1998）。在一个开放的环境中，很多人相互联系，将各自掌握的信息资源作为分享的对象，进行信息的交流与共享，以提高企业的运作效率。信息分享频繁的组织部门可以帮助企业更加高效地运行，提高企业应对客户需求变化的能力（Stein,Swea,1998）。在企业运作中，简单、易懂、直观的信息更有助于企业各部门间沟通协作（Childhouse,Tovill,2003）。

制造企业的产品一般都是通过销售中心销售的，呼叫中心虽然有营销的功能，但由于现在电子商务的发展，人们很少通过电话进行购物。然而，人们在使用产品的过程中产生的任何问题都会通过呼叫中心寻求帮助。因此，与产品相关的任何信息，呼叫中心的人员都必须清楚，这样才能更好地为客户服务。后台组织对呼叫中心的信息分享在服务客户的过程中同样起着很重要的作用。

7.3.5 界面管理

界面管理的实质就是在不同的专业领域或者交互主体间建立起沟通、合作、协调和约束机制，它是一种全面的针对界面交互要素的综合管理（谢朝武、郑向敏，2012）。界面管理主要的目的是减少界面之间的冲突、实现界面平衡（Kahn，1996），具体的操作途径有多种。通过界面协调对任务目标、工作制度、程序标准等任务因素进行统一化、一致性处理，有利于界面表现的一致性，使客户能获得一致的服务观感。另外，在组织或系统的架构层次将界面整合（Dewsnap, et al.,2000），达到组织各部门、各模块的有序连接，清除阻碍（Kodama，2009；Donnellon，1993）。本章从综合协调能力与流程的标准化程度来考察呼叫中心界面管理的能力。

（1）综合协调能力

综合协调指的是企业内部资源能够在各部门之间实现共享。Brown和Duguid（1998）指出，综合协调能力可以帮助企业解决沟通上的障碍，从而使得资源能更有效率地传输到适当的地方，提高企业的运作效率，降低合作中的关系协调成本。综合协调能力是特定情况下的产物,而且是基于企业所特有的能力(Bharadwaj, et al.,1993)。由此带来的竞争优势通常不容易被模仿,直接影响到企业的利润。由于组织前后台分离的结构,使企业中很多资源都是独立的,分布在不同的部门,而呼叫中心在为客户提供服务的时候,仅靠其自身的组织资源并不能完全满足客户的需要。因此,呼叫中心为客户提供满意的服务,需要具备综合协调的能力。

(2)流程标准化

呼叫中心与其他部门的工作衔接主要根据客户服务流程进行,有利于提高工作效率,减少客户投诉(赵溪,2006)。标准的流程可以帮助企业各项工作有序运行,有助于企业运营管理绩效的提升(Hammer,1995)。科学的流程标准是企业各程序、各模块、各工作岗位的运营依据。以人力资源为中心,企业拟定的标准越详细、科学,越容易操作,就越有利于提升组织的运营效率,有助于企业发展壮大。建立规范的管理流程,可以协调企业各部门的目标,激发员工的工作热情。呼叫中心是客户与企业沟通的一个窗口,在为客户提供满意服务的时候需要与后台组织进行有效的衔接,标准的流程不但能为客户提供满意的服务,还能提高呼叫中心的工作效率。

7.3.6 制造服务化

对制造服务化的衡量,国内外学者采用的方式并未统一。Bowen 等(1989)从两个维度来测量制造服务化:一是与产品相伴随的服务活动的类型和数量;二是服务的质量及其与产品战略的关系。Homburg 等(2002)将服务化战略导向分为服务提供的数量、宽度和强度三个维度。Neely(2008)以制造企业提供的服务的种类为指标。蔺雷等(2007)则借鉴"战略服务管理范式"的理论框架,采用服务资源的投入及服务质量来测度制造企业的服务导向。

本章对制造服务化的衡量从两个方面出发:一是制造服务化的宽度,即服务的种类;二是制造服务化的深度,即服务化所处的阶段。

(1)服务化的宽度

关于对服务的数量的分类,本章采取陈洁雄(2010)在总结了前人研究基础上提出的 8 种服务类型,即产品技术服务(主要包括维护、维修、安装、检测等技术支持);咨询与培训服务;租赁服务;结果导向服务;销售服务(包括分销、批发、零售、国际贸易);金融服务(为客户和分销商提供融资服务);物流运输服务;软件开发服务。本章涉及的服务数量只包括与制造有关的服务,而不包括因多元化而涉及的服务。

(2)服务化的深度

关于制造服务化的阶段的分类,本章采取国内学者蔺雷、吴贵生(2008)的四阶段论分法,即将制造服务化分为附属阶段(服务只是作为产品的附属);提升阶段(根据客户的需要提供一些必需服务);深化阶段(向客户提供"产品—服务包");主体阶段(企业的利润及价值主要来自服务)。之所以不采取 Rada 和 Vandermerve (1988)的三阶段理论,以及 White 等(1999)的四阶段理论,是因为其第一阶段都是产品阶段,此阶段还未涉及任何服务的要素,而现阶段的制造企业已经过了这个阶段。

8 呼叫中心案例①

　　目前,成熟的呼叫中心基本存在于服务行业,如移动客服、银行客服等,而服务行业与制造行业存在着明显的差异,一个是以服务为导向,一个是以产品为导向,这就导致了在制造企业成立呼叫中心面临很多问题,如缺乏客户价值分析和管理;呼叫中心的服务流于形式,忽略内容的重要性;坐席服务水平偏低等。相比服务业,制造企业的产品知识专业性较强,呼叫中心的坐席人员的替代性较低,对专业背景的要求更高,许多问题的解决需要去现场,在线解决问题的能力有限。因此,如果制造企业呼叫中心不具备解决技术问题的能力,不能有效解决客户提出的问题,将使客户对该企业服务的满意度降低,同时,也将阻碍其制造服务化的进程。本篇研究所关注的就是制造企业如何提升呼叫中心的服务能力,使呼叫中心的服务能够促进制造服务化的进程。

　　本章在第七章呼叫中心服务能力与制造服务化的初始模型的基础上,选择了友恒厨具、关爱食品、东海汽车、钱江控制4家企业(均为化名)进行了跨案例研究。通过比较4家案例企业呼叫中心的服务能力、影响因素及企业服务化程度,分析了前后台组织配置、呼叫中心服务能力对企业制造服务化的影响机理。结果表明,随着产品复杂度的提高,制造企业呼叫中心的在线解决问题能力受到限制;后台支持能力与前台组织资源相互影响,后台组织的支持能力受产品复杂度的影响;总体上,前后台组织配置、呼叫中心服务能力对企业的制造服务化具有正向影响。

---

　　①　本章基于以下论文改写得到:李靖华、宿慧芳:《前后台组织配置、呼叫中心服务能力与制造服务化》,《技术经济》2015年第10期,第1—9页。

8.1 研究方法

8.1.1 案例选择

在选择案例时，我们主要考虑以下因素：第一，本章的研究对象是实施服务化战略的制造企业，在案例选择上应首先考虑该企业是已实施服务化战略，在此基础上，还要看该企业是否建有呼叫中心。第二，该企业在行业内经营状况是否良好，能否作为该行业的典型案例。第三，由于地理的便捷性，在杭州地区选取了 4 家实施制造服务化的企业，对其呼叫中心进行调研访谈，通过不同行业的比较，帮助归纳模型的适应性和广泛应用性。因此，所选案例必须符合上述所有因素才能成为本研究有限选择的研究对象。

在案例数量的选择上，Eisenhardt(1989)建议进行多案例研究，因为多案例研究可借助案例重复验证研究结论，使研究效度得以提升，形成更完整的理论。多案例研究遵从复制法则，如若案例分析结果相似，则进行相似比较；如若不同，则进行差异化比较。本研究由于研究时间、研究人员的限制，在充分考虑上述研究人员的思想的基础上，最后确定了 4 个有代表性且符合研究目的的案例，遵从复制法则，以期能发现各案例间的相同点和差异之处。

8.1.2 数据收集

案例研究通常采用多元法进行资料的收集，质化方法一般有：文件查阅、深度访谈、直接观察等(Pattonn，1987)。Yin(1994)指出，数据收集要遵守以下原则：第一，证据多源原则，多方面收集资料，可以避免个人偏见，确保所采集的资料合理有效，以增强研究的可信度。第二，建立案例数据库，从记录、文献、图表资料等方面分析并建立数据库。第三，组成一系列证据链，以增强案例研究中证据的信度，也可帮助其他调查者明白各项证据的推论。本章主要采用文献法和访谈法来进行数据的收集工作。

　　文献调阅法指的是针对本章选定的 4 家企业以及关于呼叫中心的新闻报道，通过网页搜索、数据库搜索，以及获取企业内部刊物等方法来收集和获取企业有关的资料。收集资料的过程也是认识企业的过程，如通过在网站上搜索关键词"呼叫中心"，了解了呼叫中心一般的组织架构、在企业中所处的地位及现存的问题等。

　　访谈法是本章收集资料的最主要方法。访谈者提出描述性或者解释性的问题后，由访谈对象从亲身经验的角度进行回答。由于本章涉及的问题大多是企业战略层面、呼叫中心的运营方面的内容，因而本研究所涉及的企业内部访谈人员主要是呼叫中心的主管。为了提高访谈效果，我们基于第七章初步构建的理论框架设计了访谈提纲。

　　我们在调研的时候会根据具体情况对访谈提纲进行局部的改动，以此为基础对 4 家企业的员工进行半结构式深度访谈。每次调研都将时间控制在一小时到两小时内，以免受访者身心疲劳。在得到受访者的同意后，对访谈内容进行录音，以便进行内容转录和编码。另外，为了确保研究的准确性，主要是被调研者亲自检查，即由受访人对访谈转录后的内容进行核实确认。

　　所有访谈在 2013 年 12 月到 2014 年 7 月间完成，一共访问了 7 名呼叫中心工作人员（见表 8-1）。出于对受访者隐私的保密，本章将所有受访者进行匿名处理，用英文字母代替。

表 8-1　呼叫中心研究访谈基本信息

时间	地点	访谈人物	受访者基本信息
2013-12-15	钱江控制科技园 A318 会议室	H 先生	钱江控制呼叫中心副经理
2013-12-21	教工路 1 号行政楼 425 室	Z 女士	关爱食品呼叫中心经理
2014-04-25	友恒厨具小家电呼叫中心	S 女士	友恒厨具小家电呼叫中心主管
2014-06-18	钱江控制软件园会议室	Z 女士、L 先生	钱江控制呼叫中心技术支持工程师
2014-06-26	友恒厨具厨卫呼叫中心	F 女士	友恒厨卫呼叫中心主管
2014-07-10	Email 形式	J 先生	东海汽车法律顾问

本研究在人员访谈上，受资源条件限制，除友恒厨具、钱江控制进行了两次调研外，关爱食品和东海汽车都只进行了一次调研，其中东海汽车的数据资料是通过 Email 获得的，这直接关系到案例研究的严谨性。由于我们联系到的受访者都是呼叫中心的经理或主管，其在职时间较长，对呼叫中心的运营管理熟悉、了解，这在一定程度上，确保了调研信息的完善性和可信性。

8.1.3　数据分析

（1）数据的初步分析

为保证案例研究的严谨性和访谈内容的准确性，本章作者在每次调研时都将访谈内容进行录音，并在 24 小时之内填写接触摘要单，这样可以对该次接触的情况有一个既直接又有反思性的认识。接触摘要单是关于每次调研的信息的一个概况，包括接触时间、地点、人物、主题，令作者感触最深的地方，以及下次调研时的问题等。这种快速实用的方法可以在事后帮助访谈者还原当时的调研情况。

在写完接触摘要单后要对录音进行转录，将录音转换成文字，以供编码使用。编码就是对访谈的内容进行分析。我们会仔细阅读转录来的每句话，根据研究主题，将每句话分解成一个或两个小单位，以一句话或一个词简述之；这些小单位要依照内容与性质的相似度进行整理。编码分三步：一是进行开放式编码，即将所有的资料进行编码；二是主轴编码，以发现和建立概念类属之间的联系为目的；三是选择编码，即在上一步的基础上，将主要概念进行分析，使主要概念都能连接起来。为提高分析信度，编码由两人背对背同时进行，对不同之处进行讨论，最终确定编码内容，在此基础上形成本章的结果模型。

（2）数据的深入分析

案例的数据研究的方式有很多种，本章在对全部的访谈资料进行初步分析的基础上，选取模式匹配和跨案例分析对本研究所选 4 个案例进行深入分析，以得到相应的研究结论。之所以选择模式匹配，是因为该方法可以将从理论推演出的预测模型与从案例分析构建的实证模型进行匹配。如果这两个模型匹配，此案例分析就取得了理想的内在效度。我们在第七章就建立了一个基于呼叫中心前后台组织分离的模型，然后与根据对 4 家企业调研所得到的资料得出的模型进行比较,看二者的匹配度。

关于多案例研究,研究者须先分析每个案例,并在此基础上,根据本章的研究主题,对 4 个案例进行归纳、总结,从而得出一个综合性、概括性的研究结论。本章遵从上述的分析方法与步骤,先进行案例内分析(限于篇幅,这一部分在本书中并未呈现),再进行跨案例研究。

8.2 案例背景

8.2.1 友恒厨具

友恒厨具是中国厨房小家电领先品牌,是中国最大、全球第二的炊具研发制造商。1994 年,成立于宁波,现有五大研发制造基地、18 家子公司,并于 2004 年上市,成为中国炊具行业首家上市公司。2007 年,被一家拥有悠久历史的法国集团收购,成为中法合资企业。

友恒厨具呼叫中心根据产品线的不同,包括小家电、炊具(武汉)、厨卫 3 条线,本研究主要对小家电与厨卫的呼叫中心进行了访谈调研。该呼叫中心属于服务型呼叫中心,成立于 2005 年 10 月,主要服务于销售,较少涉及销售。作为友恒厨具对外的一个窗口,呼叫中心成为该企业与客户沟通的桥梁,使客户可以方便、快捷地获得该企业满意的服务。该服务热线号码客户可以在与该公司产品相关的任何地方获得。友恒厨具发展历程如表 8-2 所示。

表 8-2 友恒厨具发展历程

年份	事件
1994	友恒厨具成立
2002	总部迁至浙江杭州,并进入厨房小家电行业
2004	在深交所上市,成为中国炊具行业首家上市公司
2005	杭州、武汉基地投入经营,并进入厨房大家电领域
2006	与世界炊具及小型家用电器领导者法国集团建立战略合作

续表

年份	事件
2007	经中国政府批准,法国集团收购友恒厨具过半股份,成为友恒厨具控股股东
2008	越南基地投入运营,友恒厨具品牌进军东南亚市场
2009	绍兴基地投入运营,成为全球最具规模的小家电制造基地
2010	引进法国集团旗下炊具高端品牌
2011	武汉基地二期投产,成为亚洲最大的炊具制造基地
2013	以 13 亿元的品牌价值,荣登胡润中国品牌榜,居家用电器品牌价值榜第 9 位

资料来源:根据企业官网信息整理。

友恒厨具作为国内知名品牌,为保证客户能享受到满意的服务,公司在很多地区建立了规模较大的客户服务中心,基本涵盖了全国大部分区域。友恒厨具呼叫中心可以为客户提供从售前购买到售后使用的所有咨询服务,重视客户的建议和意见,将客户的建议与问题向公司品质部门进行反馈。呼叫中心作为服务的前台,可以让客户免费试用新产品,了解其试用情况,得到用户对新产品的反馈信息,这有益于公司研发出令客户满意的产品。

8.2.2 关爱食品

关爱食品成立于 1992 年,总部位于杭州,是华东地区最大的婴儿断奶期食品生产基地和中国三大婴幼儿基本营养食品专业生产企业之一。主要经营范围包括:婴幼儿食品、婴幼儿用品、育婴咨询服务、生命科学和母婴保健、育婴工程、爱婴工程。其中以婴幼儿食品为主,全面涵盖代乳品、断奶期食品和辅助食品三大类,产品覆盖全国,在中国高端奶粉市场占有重要位置。该企业的品牌定位为"专为中国宝宝研制",邀请了该行业内多名专家教授研制有利于中国婴幼儿成长的奶粉配方、营养搭配、养育方案等。

关爱食品于 2001 年建立呼叫中心,该呼叫中心隶属于客户服务部,而客户服务部又属于总裁直管范围,是服务型呼叫中心,而非销售型。由运营、质检、培训三部分组成,其共有呼入坐席 80 席,呼出坐席 220 席。该呼叫中心由 1 个全国呼入呼出型呼叫中心和 4 个地区呼出型呼叫中心组成,各地区呼叫中心主要进行该区域电话回访、客户关怀、电话营销等服务。关爱食品发展历程如表 8-3 所示。

表 8-3 关爱食品发展历程

年份	事件
1992	婴幼儿速食营养米粉在中国长三角地区上市
1999	发起设立"关爱食品股份"
2005	兼并"中国奶牛之乡"黑龙江安达本地乳品企业,成立黑龙江关爱食品乳业有限公司,正式将奶粉制造基地设立在北纬 45 度以上、国际公认最佳养牛带
2007	关爱食品与上海市儿科医学研究所联手,创设了首个中国母乳研究机构——关爱食品母乳研究中心
2010	关爱食品杭州塘溪工厂作为全国最大的母婴营养品专门工厂建成投产。年运营吞吐能力 300 亿元的现代物流配送中心落成。关爱食品港版奶粉上市
2011	4 月 12 日,关爱食品股票在深交所挂牌交易,标志着中国婴童企业登录中国资本市场大幕已经拉开
2012	关爱食品呼叫中心服务及相关的管理和技术支持顺利通过 ISO90001:2008 质量管理体系认证并获得中国 CNAS 和美国 ANAB 认可证书
2014	在香港上市,爱＋奶粉以"国际品质、华人配方"获得香港优质认证

资料来源:根据企业官网信息整理。

关爱食品呼叫中心的建设,使营销服务和业务管理信息化,推动该企业服务营销的发展。业务支撑系统主要支持客户关怀、多级回访服务、会员服务、积分服务、综合信息咨询等工作,同时使经营服务报表体系更加完善。目前,该呼叫中心正在探索如下服务内容:点单服务,即用户可以指定固定坐席员服务;产后心理咨询电话服务,是目前国内唯一一家拥有该服务的呼叫中心。

8.2.3 东海汽车

1986 年,东海汽车创建于杭州,在成立 11 年后进入汽车行业,并取得快速发展。现在,不仅在国内许多地方建有生产基地,而且在澳洲也建有生产工厂。其经营范围包括:汽车制造和销售、实业投资、机电产品的投资、教育,房地产投资、投资管理、资产管理、企业管理,汽车及相关业务的技术咨询及技术服务。东海汽车是世界 500 强汽车企业集团,连续九年进入中国汽车行业十强,是一家创新型企业。

东海汽车呼叫中心项目于 2006 年年初正式启动招投标、市场调研、合作商考查确认,2006 年 7 月 28 日正式投入使用,秉承"关爱在细微处"的服务理念,以客户满意度为中心,以提升服务质量及员工的业务水平为重点,以主动服务、创造用户感动为目标,为客户提供全年的个性化、差异化服务。2009 年 6 月初完成呼叫中心平台第三期扩容,增设 30 个坐席,达到100 个坐席的规模,分设呼入科和呼出科东海汽车发展历程如表 8-4 所示。

表 8-4 东海汽车发展历程

年份	事件
1986	公司创始人以冰箱配件为起点,开始了东海汽车的创业历程
1997	进入汽车产业,成为中国第一家民营轿车企业
2002	进入全国汽车"3+6"行列,跻身中国企业 500 强。东海汽车聘请职业经理人,开始从家族制企业向现代股份制企业转型
2004	开始流程再造,建立了董事会领导下的经营管理委员会负责制的治理架构,启动全面信息化建设
2005	在香港成功上市,在国际化道路上迈出了重要的一步
2010	收购沃尔沃轿车公司,最终股权收购协议在哥德堡签署,获得沃尔沃轿车公司100%的股权以及相关资产(包括知识产权)
2012	《财富》世界 500 强企业排行榜发布,首次进入世界 500 强,是唯一入围的中国民营汽车企业
2013	建立的欧洲研发中心启动试运营

资料来源:根据企业官网信息整理。

该呼叫中心实行 24 小时全天候服务,是东海汽车用户、销售服务网点与东海汽车厂家之间的沟通渠道,任何关心东海汽车发展的人士都可以借助该呼叫中心与东海汽车对话。借助此沟通渠道,用户可以了解东海汽车的许多信息。

客户服务中心逐渐成为东海汽车海外用户投诉受理及品牌展示的窗口。该中心设立了客服直线及专用邮箱,定期调查、了解客户满意度,推动经销商提升服务质量。升级后的系统可以接受海外终端客户的投诉,并及时转发给对应的海外经销商,及时监督处理结果。

8.2.4 钱江控制

钱江控制是中国自动化与信息化技术、产品与解决方案的业界领先者,创建于 1993 年,总部设在杭州,并在北京、辽宁、四川、广东等国内 30

个省区及中东和东南亚等国家设有商务中心。钱江控制在流程工业自动化、城市信息化、工程设计咨询、科教仪器、机器人、新能源与节能等领域均处于全球领先水平。如今,钱江控制不仅有许多家子公司和分公司、1家研究院,并且在国外也成立了分支机构。

自成立以来,钱江控制保持快速稳健的发展,现服务于全球近万家客户。作为一家涉及自动化、信息化等多领域的综合性集团公司,钱江控制已成为业内国际知名品牌;钱江控制集散控制系统是自动化行业首个"中国名牌产品"。

钱江控制呼叫中心成立于2007年,为客户解决系统运行过程中遇到的所有问题,为系统长期的稳定、可靠运行"保驾护航"。钱江控制服务以呼叫中心为平台,统一记录、接受、调度全国的服务资源,为用户提供贯穿售前咨询到售后服务以及增值服务的全方位一站式服务。该呼叫中心为客户提供全天候服务,以主动关怀客户为宗旨,向客户提供调查、走访等主动关怀服务,客户可直接向钱江控制的服务工程师咨询问题。呼叫中心通过严谨的跟踪机制,提供快捷简便的解决办法,做到迅速响应、及时解决。钱江控制发展历程如表8-5所示。

表 8-5 钱江控制发展历程

年份	事件
1993	钱江控制成立
1996	承担国家"九五"重点科技攻关项目"现场总线控制系统的开发"项目的5个课题
2000	承接国家863产业计划课题基于流程工业CIMS的AdvanTrol-PIMs综合集成软件开发应用项目,并于10月通过科技部组织的鉴定,荣获建设部颁发的智能建筑专项工程设计证书(甲级)
2001	被列为浙江省软件企业十强,浙江省软件重点企业,取得浙江省软件企业正式认定证书,获ISO9000:2000质量管理体系认证证书。8月,钱江控制的控制系统成功打入东南亚市场
2002	控制系统成功进入电厂大机组行业。9月,公司被认定为杭州市首批科技创新重点企业。11月,在第4届上海工业博览会上,基于网络技术的控制系统荣获创新奖
2003	钱江控制技术公司荣获信息产业部"2003年度电子工业优秀质量管理小组一等奖"等多项优秀质量管理奖。同年,钱江控制技术公司组建"自动控制技术省级高新技术研究开发中心"

续表

年份	事件
2004	正式成为 ISA 会员,即美国仪器、系统及自动化协会的 CAP 会员
2008	集散控制系统在武汉石化的大型主装置上获得成功应用
2013	通过 CMMI L4 评估
2014	获得"2013 年优秀智慧城市解决方案供应商"

资料来源:根据企业官网信息整理。

钱江控制呼叫中心属于售后技术支持部门,售后技术支持部门又属于工程端这一板块,在公司主要负责协调、调度方面的工作。目前,该呼叫中心属于呼入型,主要针对客户在项目竣工后产生的问题,以应答客户疑难问题为主。

8.3 跨案例研究

8.3.1 背景比较

友恒厨具成立于 1994 年,是全国最大、世界第二的炊具研发制造商,其营销网络遍布全球。关爱食品成立于 1992 年,一直致力于研发、制造和经营科学、安全的孕婴童产品以及提供温馨、专业和亲切的母婴服务,已在客户心中树立起"育婴专家"的形象。东海汽车成立于 1986 年,是国内汽车行业十强中唯一一家民营轿车生产经营企业,以制造和分销汽车及汽车零部件为主,并向客户提供放心、安心和舒心的高品质汽车服务。钱江控制成立于 1993 年,是中国仪表与自动化控制产业的领先企业,为上万家企业提供服务,其业务遍布全球。表 8-6 列示了 4 家案例企业的成立年份、所属行业、企业性质和主营业务。

表 8-6　4 家案例企业的主要特征

	友恒厨具	关爱食品	东海汽车	钱江控制
成立年份	1994 年	1992 年	1986 年	1993 年
所属行业	小家电行业	奶粉行业	汽车行业	自动化行业

续表

	友恒厨具	关爱食品	东海汽车	钱江控制
企业性质	中外合资	民营	民营	国有控股
主营业务	明火炊具、厨房小家电、厨卫电器	婴幼儿食品、婴幼儿用品、育婴咨询服务、生命科学和母婴保健、育婴工程、爱婴工程	汽车制造和销售、实业投资、机电产品投资、房地产投资、资产管理、企业管理、汽车及相关业务的技术咨询和服务	流程工业自动化、城市信息化、工程设计咨询、数字医疗、科教仪器、机器人、装备自动化、新能源与节能等

这 4 家企业的呼叫中心在成立时间、规模、业务种类等方面都有所不同。其中,关爱食品的呼叫中心成立最早(2001 年),规模最大——包括 80 席呼入、200 多席呼出,其中呼出主要负责核对潜在客户的基本信息,其客服人员被称为"育婴专家",为用户提供产品、活动、育婴和心理等方面的咨询服务。关爱食品的呼叫中心于 2008 年通过 ISO9001:2008 质量管理体系认证,并获得了中国 CNAS(China National Accreditation Service for Conformity Assessment)和美国 ANAB(ANSI-ASQ National Accreditation Board)认可的证书,是国内婴童业界呼叫中心的标杆。随着中国小家电市场的繁荣发展,友恒厨具于 2005 年 10 月成立了呼叫中心,该呼叫中心主要负责售后咨询服务。东海汽车的呼叫中心于 2006 年 7 月正式投入使用,于 2011 年通过 CCCS(Customer Contact Center Standard)标准的钻石五星级认证,用户通过该平台可了解到东海汽车的基本情况、各车型的特点和性能等基础信息。钱江控制于 2007 年 5 月成立呼叫中心,为用户提供 7×24 小时的全天候热线电话技术支持和快速反应的现场故障排除服务,由于客户咨询问题以技术类为主,因此其客服人员在企业内部被称为"技术支持工程师"。表 8-7 列示了 4 家案例企业呼叫中心的基本情况。

表 8-7　4 家案例企业呼叫中心的基本情况

	友恒厨具	关爱食品	东海汽车	钱江控制
成立时间	2005 年 10 月	2001 年	2006 年 7 月	2007 年 5 月
建立方式	自建	自建/外包	自建	自建
规模	30 多人	300 多人	100 多人	10 多人
工作时间	7×24 小时	8:30—17:30	7×24 小时	7×24 小时
人员称谓	话务人员	坐席＋育婴专家	坐席人员	技术支持工程师
所获荣誉	无	ISO9001:2008 质量管理体系认证	CCCS 客户联络中心标准钻石五星级认证、中国最佳服务管理奖	无

8.3.2　前后台组织配置比较

（1）前台组织资源

虽然 4 家制造企业呼叫中心的成立时间最短也有 8 年,但是它们的信息技术基础设施有很大差别。在调研中我们发现,友恒厨具呼叫中心系统还不够完善,现有的信息技术基础设施不能满足其业务需求,很多工作需要员工手动完成。东海汽车的呼叫中心采用的是国际上最先进的计算机电话集成技术,用户可以根据语音提示获得其所需信息,并可以受理海外用户的信息诉求。关爱食品和钱江控制的呼叫中心还没有配置这么先进的系统,但是相比友恒厨具的呼叫中心,关爱食品和钱江控制的呼叫中心基本可以满足现有业务的运行。

与服务业相比,制造企业呼叫中心工作人员的替代性较低,对其学历和专业背景等都有一定要求。在我们调研的 4 家案例企业中,钱江控制呼叫中心最具代表性,其客服人员不仅要具有本科学历,而且要有相关专业背景,上岗前培训以工程现场实习为主,其坐席人员被称为"技术服务支持工程师"。关爱食品呼叫中心提供独特的育婴咨询服务,因此对客服人员的专业背景也有相应要求,要求其最低学历为大专,且被称为"育婴专家"。友恒厨具和东海汽车的呼叫中心对客服人员的专业背景没有特别要求,其中友恒厨具对客服人员的学历要求最低——高中学历即可。友恒厨具所提供产品的价值和复杂度相对不高,因此其呼叫中心未聘请有专业技术背景的话务员。

（2）后台支持能力

前后台组织分离在提高工作效率的同时，也需要前后台的协调配合。呼叫中心不但是企业与客户互动的平台，而且是企业及时发现客户需求信息的通道，其服务需要后续职能部门的支持和配合。呼叫中心的后台组织包括售后服务网点、维修网点、技术支持中心、研发部和品管部等。在制造企业的呼叫中心，客户咨询的问题主要围绕制造产品展开，这就要求呼叫中心人员在掌握基本的业务知识的同时，还需要掌握一些基本技术知识。友恒厨具呼叫中心在每周一、周二都安排技术人员坐班，在每个层级都设置了相应的技术支持人员为服务部门提供技术保障。东海汽车的技术支持部、远程维修技术支持系统都对其呼叫中心的工作给予最大限度的技术支持。

呼叫中心需要及时地更新信息才能与企业的新产品保持同步，这就要求后台组织必须及时地将信息和数据传递给呼叫中心。4家案例企业的信息分享渠道基本上都以会议、培训为主。友恒厨具每月开一次品质大会，品管部、研发部、售后部和销售部等部门都会参加，通过会议将各部门的信息进行传达和共享。新产品上市时，友恒厨具会向呼叫中心的工作人员提供资料，以协助改进新产品。关爱食品的呼叫中心与其他部门的信息分享也以定期召开会议为主要渠道，辅以报表。东海汽车在推出新产品和新服务时，首先对呼叫中心的主管人员进行培训，然后对呼叫中心的内部员工进行培训，并确保维修技术支持系统能够获取最新的诊断信息，及时准确地向客户提供信息。钱江控制的新产品上市时，信息一般以文件形式在内部管理系统与呼叫中心之间实现分享。

（3）界面管理

制造企业成立呼叫中心是一项重要的投资，为使呼叫中心从"成本中心"变成"利润中心"，需不断挖掘其拥有的资源。呼叫中心是企业面向客户的窗口，是企业与客户直接交流的部门，不仅要帮助客户解决所提出的任何问题，而且要将收集来的客户信息与企业的其他部门共享。钱江控制的呼叫中心可以调度企业在全国的服务资源，为客户提供一站式服务。东海汽车的呼叫中心可通过远程协调调动其他部门的资源，为用户解决紧急问题。关爱食品呼叫中心的管理规范度最高，其综合协调能力很高。友恒厨具的呼叫中心没有明确的管理流程，其坐席人员的职权有限，资料共享程度较低。

业务流程标准化主要体现在规范化、文件化等方面。在 4 家呼叫中心中，东海汽车的呼叫中心通过了 CCCS 客户联络中心标准钻石五星级认证。关爱食品的呼叫中心也制定了各类清晰的管理流程，并出台了规范的管理文件，如呼叫中心呼出应急预案等。钱江控制的呼叫中心具有清晰的工作流程，办公自动化系统使其运转效率很高，通过派单就可完成与各地部门的连接。友恒厨具呼叫中心的流程和条例也在逐步规范，但很多工作仍需人工协调。

8.3.3 呼叫中心服务能力比较

服务能力是企业开发和提供满足客户所需服务的能力，企业不能满足客户提出的要求意味着其服务能力不高。客户对呼叫中心服务质量的评价从侧面印证了其服务能力。因此，评价呼叫中心的服务能力就是评价呼叫中心在服务提供过程中满足客户需求的能力。

比较 4 家案例企业的呼叫中心，东海汽车呼叫中心的服务能力最强：不但通过了 CCS 客户联络中心标准钻石四星级、五星级的认证，而且获得了最佳服务管理奖，其电话满意度也高达 97.91%，服务质量居全国第一。钱江控制产品的特点决定了其服务对象范围较窄、用户咨询问题难度较高，不是所有问题都能由呼叫中心坐席人员在线解决，很多问题需要亲临现场进行处理。因此，其在线解决率达到 85% 以上已算是很高，且与其他 3 家案例企业的呼叫中心相比，其提供服务的内容最为广泛。关爱食品的呼叫中心每月进行近 180 万人次的有效服务，而且获得了相关机构的行业认证。友恒厨具呼叫中心的服务质量排名相对落后，其投诉比例也相对较高。

本研究涉及的 4 家案例企业的呼叫中心在其各自行业内均处于领先地位，但是其行业特点存在很大差别：奶粉属于快速消费品，家电、汽车属于耐用消费品；钱江控制提供复杂产品系统，为客户提供集成解决方案，目标客户为大型企业，其产品属于工业品，这些在很大程度上限制了其呼叫中心的在线解决问题能力。

综上，得到命题 1。

命题 1：与服务业不同，随着产品复杂度的提高，制造企业呼叫中心的在线解决问题能力逐渐受限。

8.3.4　制造服务化程度比较

本研究从案例企业提供服务的种类和其制造服务化所处阶段两个方面分析案例企业的制造服务化程度,表8-8总结了4家案例企业的制造服务化情况。其中,钱江控制的制造服务化程度最高,其服务种类为6种,已处于制造服务化的第三阶段——深化阶段,即已由向用户提供产品转为提供集成解决方案,为用户提供围绕产品的全生命周期服务。东海汽车也处于制造服务化的深化阶段:已明确提出了服务化战略;坚持"关爱在细微处"的服务理念;推进服务品牌转型,推动服务战略转型向纵深挺进。虽然关爱食品囿于产品本身的特点,围绕产品所能提供的服务有限,但是该公司并未受困于此,而是抓住产品的真正客户群体——"母亲",针对这一角色提供服务,向目标客户群体提供母婴服务。相比其他企业,友恒厨具的制造服务化进程有些缓慢,处于向客户提供一些基本服务的阶段。

表 8-8　4家案例企业的制造服务化程度比较

	友恒厨具	关爱食品	东海汽车	钱江控制
服务内容	产品技术服务、咨询与培训服务、销售服务	咨询与培训服务、销售服务	产品技术服务、咨询与培训服务、租赁服务、销售服务、金融服务	产品技术服务、咨询与培训服务、销售服务、结果导向服务、物流运输服务、软件开发服务
制造服务化阶段	提升阶段(＋)	从提升阶段到深化阶段(＋＋)	深化阶段(＋＋＋)	深化阶段(＋＋＋)

注:"＋"的多少表示服务化程度的高低。

8.3.5　前后台组织配置对呼叫中心服务能力影响比较

表8-9总结了4家案例企业的前后台组织配置对呼叫中心服务能力影响的基本情况。其中,钱江控制的呼叫中心对客服人员的要求最高,即其客服人员必须是具有本科及以上学历的大学毕业生且有专业要求,这提高了其呼叫中心的服务效率(包括在线解决率)。同样,关爱食品呼叫中心对坐席人员的专业要求与该呼叫中心生养教咨询服务密切相关。

关爱食品的呼叫中心和钱江控制的呼叫中心对后台组织的技术支持依赖较小。其中,关爱食品的客户在产品使用过程中不会涉及技术性问题,因此不需要后台组织的技术支持;钱江控制呼叫中心的人力资源技能水平较高,工作人员可向用户提供技术咨询服务。友恒厨具呼叫中心和东海汽车呼叫中心的客服人员不具备提供专业技术咨询的能力,需要后台组合的技术支持——这也符合前后台分离的初衷,即将技术资源与前台的组织资源相分离。因此,后台组织支持能力与前台组织资源有关,据此对模型加以修正。

表 8-9　4家案例企业前后台组织配置对呼叫中心服务能力影响比较

	子项	友恒厨具	关爱食品	东海汽车	钱江控制
前台 组织资源	信息技术基础设施能力	+	++	++++	+++
	人力资源技能	+	++	++	+++
后台 支持能力	技术支持	++	/	+++	/
	信息分享	+	++	+++	++
界面管理	综合协调能力	++	+++	+++	+++
	流程标准化	+	+++	++++	+++

注:"+"的多少表示影响程度的高低;"/"表示无影响。

综上,提出命题2和命题3。

命题2:呼叫中心的服务能力受到自身组织资源(信息技术基础设施能力、人力资源技能)、后台支持能力(技术支持、信息分享)和界面管理(综合协调能力、流程标准化)等前后台组织配置因素的影响。

命题3:后台支持能力与前台组织资源相互影响,且后台支持能力受到产品复杂性的影响。

8.3.6　前后台组织配置对制造服务化影响比较

表 8-10 汇总了4家案例企业前后台组织配置对企业制造服务化的影响情况。从表中可以看出,前后台组织配置越强,企业的制造服务化进程越快。友恒厨具的前后台组织配置情况一般,其制造服务化处于提升阶段。相比之下,关爱食品的前后台组织配置情况优于友恒厨具,其制造服务化进程也较友恒厨具稍快。东海汽车和钱江控制的前后台组

织配置都优于其他两家企业,其制造服务化进程也比其他两家企业快。

因此,提出命题 4。

命题 4:前后台组织配置因素(信息技术基础设施能力、人力资源技能、技术支持、信息分享、综合协调能力、流程标准化)会直接影响制造服务化进程。

表 8-10 4 家案例企业前后台组织配置对制造服务化影响比较

	子项	友恒厨具	关爱食品	东海汽车	钱江控制
前台 组织资源	信息技术基础设施能力	＋	＋＋	＋＋＋	＋＋＋
	人力资源技能	＋＋	＋＋＋	＋＋	＋＋＋＋
后台 支持能力	技术支持	＋	／	＋＋	／
	信息分享	＋＋	＋＋＋	＋＋＋＋	＋＋
界面管理	综合协调能力	＋＋	＋＋	＋＋＋	＋＋＋
	流程标准化	＋	＋＋	＋＋＋	＋＋

注:"＋"数量的多少表示影响程度的高低;"／"表示无影响。

8.3.7 呼叫中心服务能力对制造服务化影响比较

表 8-11 汇总了 4 家案例企业呼叫中心的服务能力和企业制造服务化情况。从表中可以看出,企业呼叫中心的服务能力强,其制造服务化进程也较快。友恒厨具呼叫中心的服务能力有限,其制造服务化处于提升阶段。相比之下,关爱食品呼叫中心的服务能力高于友恒厨具,其制造服务化进程也较友恒厨具稍快。东海汽车和钱江控制的呼叫中心的服务能力都强于其他两家企业,其制造服务化程度也高于其他两家企业。

综上,提出命题 5。

命题 5:呼叫中心的服务能力对企业的制造服务化有正向影响。

表 8-11 4 家案例企业呼叫中心服务能力对制造服务化影响比较

	友恒厨具	关爱食品	东海汽车	钱江控制
呼叫中心 服务能力	低	中	高	中高
服务种类	3	2	5	6
制造服务 化阶段	提升阶段	从提升阶段到 深化阶段	深化阶段	深化阶段

8.3.8 结果模型与讨论

制造企业的前后台组织配置、呼叫中心服务能力与企业制造服务化的关系模型,如图 8-1 所示。

首先,企业前后台组织配置因素会影响呼叫中心的服务能力。其中,信息技术基础设施能力和人力资源技能作为前台组织资源,技术支持和信息共享作为后台组织支持,综合协调能力和流程标准化作为呼叫中心与后台组织沟通、协调的界面管理,都有助于呼叫中心服务能力的建设。此外,呼叫中心对后台组织技术支持的依赖性不仅仅取决于人力资源的技能,还与产品本身的特点相关。

其次,呼叫中心服务能力会影响企业制造服务化。呼叫中心是能够融入制造环节的一种服务,其服务能力体现了制造企业的服务化水平。制造企业可通过呼叫中心向客户传递服务、关怀。

最后,前后台组织配置因素会直接影响企业的制造服务化进程。随着客户服务意识的增强,制造企业突破发展瓶颈、获得客户认可,向服务化转型是必然趋势。本章所选案例企业分别来自不同的行业。从整体来看,中国制造企业的服务化水平还较低,本章所选的 4 家制造企业都未进入服务占主导地位阶段,属于高新技术企业的东海汽车和钱江控制的制造服务化程度明显高于友恒厨具和关爱食品。

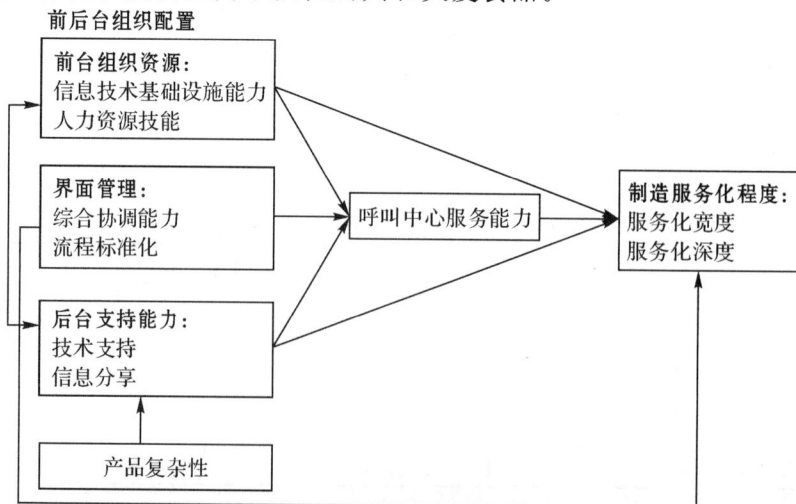

图 8-1　呼叫中心研究结果模型

8.4 结论

8.4.1 研究结论

本章得到的主要结论如下。

第一,与服务业不同,随着产品复杂度的提高,制造企业呼叫中心的在线解决能力受到限制。

第二,呼叫中心的服务能力受企业前后台组织配置因素(信息技术基础设施能力、人力资源技能、技术支持、信息分享、综合协调能力、流程标准化)的影响。

第三,前台组织资源与后台支持能力相互影响。

第四,前后台组织配置直接正向影响制造服务化。

第五,呼叫中心的服务能力对制造服务化有正向影响。

8.4.2 启示

在制造服务化背景下,本章的研究结论为中国制造企业建立呼叫中心提供如下启示。

第一,制造企业呼叫中心长期处于不受重视的地位,事实上它在制造服务化中起着重要的作用,应给予重视。企业高层应加大对呼叫中心的重视程度,并应对构建呼叫中心服务能力所需的各类资源加大投入力度,以使企业顺利进入制造服务化时代。

第二,呼叫中心是企业的信息管理中心,在运营过程中涉及诸多的资源、信息和利益相关者,有效整合这些资源对呼叫中心而言是一个很大的挑战。因此,企业高层领导应赋予呼叫中心主管一定权限,使之能合理调配企业资源。同时还需要制定一套规范的管理流程,以使呼叫中心的管理高效化。这样不仅可提高呼叫中心的工作效率,而且能降低运营成本、形成规模效应。

第三,制造企业实施服务化应以产品和目标客户为主。虽然关爱食品的产品生命周期较短,围绕产品生命周期提供服务不太现实,但是其紧紧抓住目标客户的特点，以此为基准点开展了一系列活动，其做法值得其他制造企业借鉴。

8.4.3　展望

对于呼叫中的对制造服务化的影响这一议题，这可在以下三个方面加以推进：

第一，对研究对象进行分类和聚焦，针对制造服务化程度不同的企业进行更深入、更细致的研究，亦可针对某一行业的呼叫中心进行研究，以丰富本章的研究成果。

第二，本章将服务运营中的前后台组织运营模式引入制造服务化过程，今后可深入研究制造企业的前后台运营模式，以丰富相关研究。

第三，若条件允许，则可将研究范围扩展到国外制造企业的呼叫中心，以得出可供中国制造企业借鉴的先进经验。

第四篇

转型机理篇
ZHUANXING JILI PIAN

9　转型机理模型

　　我国正处于工业化中期阶段，制造业未来的市场空间主要是向高端提升以及向服务拓展。表面上看，制造服务化的难度要远远低于制造业高端化，这往往成为我国制造服务化的动因之一。但是，随着制造服务化程度的加深，往往会出现所谓的"服务化困境"，企业绩效不升反降。因此，我国制造企业如何依托原有的制造优势，向服务型制造成功转型，成为重要的议题。由于制造企业特别是装备制造企业往往是重资产企业，企业规模较大，制造活动的组织管理已经占用企业的大部分资源，制造企业要在兼顾原本的制造活动的同时，新增服务资源，拓展服务活动，无疑是个很大的挑战。此时，如何合理管理原有资源，融合新增资源，实现资源的组合和重构，成为制造企业能否成功转型的关键。基于此，本章主要运用资源基础理论，对两家案例企业进行跨案例研究，分析我国制造服务化转型过程的机理，即依靠制造企业原有优势，利用制造资源，获取新增服务资源，有效地融合制造资源和服务资源，通过资源配置与利用，选择最终适合该企业的服务模式，组织制造活动和服务活动，向客户提供"产品—服务包"。

9.1　企业成长理论

　　从 20 世纪 50 年代至今，企业成长的论题一直是西方经济学和现代管理学领域广泛研究的对象。相关文献众多，涉及企业行为、企业成长、组织结构和管理等众多问题，但由于企业成长的内涵比较复杂，能够被视为企业成长的指标变量很多,因此显得杂乱无序。鉴于此,我们从思考"驱动企业成长的因素是什么"的角度出发,对相关的研究成果进行梳理及分析。

根据经济增长理论的分析思路,代表性研究成果可以分为外生成长理论和内生成长理论。企业外生成长理论认为企业成长的决定性因素来源于企业外部,尤其强调市场结构特征对企业成长的决定作用。如新古典经济理论将企业仅仅看作是一个生产函数,认为企业的成长就是企业调整产量达到最优规模的过程(Nelson,1977);新制度经济学更加强调交易过程,认为企业是市场机制的替代,市场交易费用与企业内部协调管理费用的均衡确定企业的边界,节约市场交易费用被认为是企业成长的动力(Williamson,1979);而以 Porter 和 Millar(1985)为代表的持竞争优势理论的学者则认为企业成长在一定程度上取决于企业所在产业的竞争结构。由于企业外生成长理论对现实的解释力较弱,从近十几年来的文献来看,研究视角和方法都没有突破和创新,其发展似乎已经基本告一段落,而内生成长理论则对企业的成长研究更具意义,其中最具影响力的应属 Penrose 的企业内生成长理论和资源基础理论。

内生成长理论从企业内部因素出发,认为企业成长是内生性的,决定企业成长的主导因素有资源、能力、知识等。Penrose(1959)被公认为是企业内生成长理论的开创者,其思想渊源是马歇尔的"差异分工",马歇尔将企业的职能工作分解为多个单元,从而产生一系列不同的专业技能和知识,这种专业化分工又导致了新的和原有的内部专业职能的协调整合。这样,企业的生产和协调能力在内部获得持续的成长。Penrose发展了马歇尔的理论,并将注意力集中到单个企业的内生成长过程。她以单个的企业为研究对象,探究了决定企业成长的因素和企业成长的机制。她认为企业内部拥有的资源状况是决定企业能力的基础,企业能力决定了企业成长的速度、方式和界限。虽然一个组织的生产可能性总是随着拥有资源的数量和种类的增加而扩张,但组织本身的持续成长则依赖于其生产性机会,也就是企业家和管理者部署资源时所能看见的,并且愿意、也能够采取行动的可能性。也就是说企业的成长与积累的资源有关,但也要满足可察觉性、有动机性及有能力等三个条件(卢伟航、贺小刚,2005)。只有这样,生产性机会才产生扩张,并因此促进企业成长。

而企业家的基本功能就是发现和利用潜在的成长机会,因此企业家能力是企业能力的重要载体(杨林岩、赵驰,2010)。企业成长的速度总体上是由管理的质量及其对未来计划的能力所决定的,所以在企业成长过程中受到管理资源的约束,这被称为"彭罗斯效应"。而企业内部的知识积累过程能节约稀缺的管理资源,促进企业成长。Penrose 特别关注企业对"标准操作规程"和"程序性决策规则"等知识的积累,将决策的惯例化和程序化看作是专业化协作中共同知识的积累过程。随着共同知识的积累,一方面稳定了企业组织成员行为的预期,另一方面提高了企业成员的决策效率。这使组织可以释放出部分管理资源,从而推动企业的成长和发展。

20 世纪 90 年代,资源基础理论在彭罗斯思想的影响下,认为企业是由一系列资源组成的集合,企业成长取决于新的投资活动与企业现有资源之间的专用性程度,当两者高度相关时,就会为企业提供成长机会(Grant,1991)。企业内部的资源、知识和能力决定了企业成长的方向和模式。杨杜(1995)对 Penrose 的理论加以发展,提出了"经营资源"概念,他认为生产要素被用来获得经济利益时才能成为经营资源,经营资源是企业成长的基础。德姆塞茨(1999)认为,企业为维持自己所需要的知识花费的开支决定了企业多元化扩张的程度。因为企业要扩张,就必须为获得和维持有关的信息花费更大的成本。Prahalad 和 Hamel(1990)认为,企业的成长表现为企业之间不断的模仿及由此激发的创新性竞争活动,而这些活动围绕的中心是如何快速而有效地积累起适应外部环境变化的核心知识和能力,企业成长是内部知识积累的过程。Barney(1991)指出,实施竞争性战略的关键性资源是企业内部长期发展的结果,难以通过市场公开获得。企业生存和成长取决于企业内部知识和资源积累过程中所形成的长期的动态生产成本优势。

综上,Penrose 对企业内生成长的研究是深刻的,但她过分强调了管理资源对企业成长的作用,而忽视了企业内部其他资源对企业成长的制约作用。资源基础观则强调了在资源的基础上核心竞争力的构建,但在企业成长理论中,企业家未被作为一个重要的变量纳入成长模型和理论中心,这与现实情况也是不匹配的。但总的来说,企业内生成长理论把企业成长研究的视角从外部因素转移到内部因素,相对于企业外生理论来说是一大进步。

9.2 资源管理过程

资源是企业获取价值的基础,但如何将这些资源转化为价值,就需要资源管理过程。现有的研究中,对如何从资源走向价值实现这一系列过程的研究还不完备,内在过程"黑箱"还没打开(Sirmon,Hitt 2007)。资源管理过程是企业通过组织资源最终形成产品的一系列过程,可以分为资源获取、资源整合、资源维持三个过程(Finney,et al.,2005)。然而,Sirmon 和 Hitt(2007)进一步补充认为,资源开发过程还包括前期的资源识别,以及后期的资源能力利用,并且提出资源整合实质上是资源配置过程,也是企业能力转化为企业价值的过程。现有研究没有打开从资源到价值创造这一过程的"黑箱",因此他们通过对资源管理过程的系统分析,提出资源开发过程包括资源识别、获取、整合与能力利用,认为资源整合是配置资源、创造价值的过程。换言之,资源只是企业创造价值的基础,要真正挖掘这些资源的潜在价值,将这些拥有独特性质的资源组合起来,构成企业竞争优势,对资源加以整合、利用(Sirmon,Hitt,2003)。资源管理理论的提出,结合企业能力,打开了由企业资源到价值转变的过程,对资源基础观进行补充。但是,资源的管理过程本身是一个动态过程,所以不可避免地受到外部环境和内部组织变化的双重影响。

基于此,随着权变理论的发展,一些学者从权变理论的角度出发,指出企业资源管理需要根据外部环境变化,匹配企业战略,重新对企业资源进行组合以及结构化,发挥企业能力整合资源,创造价值,构建竞争优势(Sirmon,Hitt 2007)。Brush 等(2001)基于对企业资源构建的深入分析,认为企业资源配置是企业能力构建的关键,其中面临的主要难点是如何集中资源、吸引资源、整合资源、转化资源等四个方面。由于整个资源管理过程实际上基于动态环境变化而改变,这就需要企业以组织学习为调节手段,不断调整资源管理过程以应对动态环境。另外,也有学者从资源获取、资源整合、资源定位、资源维持四个维度来分析解剖资源管理过程(Morgan,2000)。类似地,Sirmon 和 Hitt(2007)从如何进行资源的结构化、整合和利用三个方面来分析资源管理的整个过程。Lichten-stein 和 Brush(2001)通过对新创企业资源识别和资源获取的资源管理过程进行研究，认为企业关键性资源的转换对新创企业的绩效具有重大影响。

资源是企业的基础，企业通过各种方式从内外部获取资源，然后通过一定的组织架构来整合资源。企业对资源的整合能力，体现了企业的动态能力(Wang,Ahmed,2007)。Hitt 等(2001)认为，资源整合是一个复杂的动态过程，是指企业对不同来源、不同层次、不同结构、不同内容的资源进行选择、汲取、配置、激活和有机融合，使之更具较强的柔性、条理性、系统性和价值性，并对原有的资源体系进行重构，摒弃无价值的资源，以形成新的核心资源体系。Ge 和 Dong(2009)以企业自身为边界，区分了其在资源整合中的内外部行为，将资源整合分为资源识取(resources identification and acquisition)和资源配用(resources allocation and leverage)两大过程。前者主要是企业面向外部的行为，包括识别资源和获取资源，后者是企业内在资源组合与使用的行为，包括资源的配置和使用。类似地，马鸿佳等(2010)也将资源的整合过程分为资源识取和资源配置两大阶段。

饶扬德、宋红霞(2007)从资源整合角度分析企业技术成长过程机理，认为资源整合是实现企业技术成长的关键途径，并提出资源整合的四个维度——个体资源与组织资源整合、横向资源与纵向资源整合、内部资源与外部资源整合、传统资源与新资源整合。蔡莉、柳青(2007)对资源进行了系统的分类，提出新企业的资源整合过程包括资源识别、获取和开发过程等阶段。柳青、蔡莉(2010)还通过构建新企业资源开发过程研究框架来解释新企业资源基础的形成过程，并把资源开发过程分为资源识别、资源获取、资源整合和资源利用四个核心环节，并且在研究资源开发过程中将企业资源分为人力资源、财务资源、物质资源、技术资源和组织资源。柳青、蔡莉(2010)从实证角度来分析资源整合对市场导向与新企业绩效关系的作用机理。从以上国内学者的相关研究来看，现有的研究多基于概念层面，尚无资源整合过程的测量模型。

9.3 基于资源基础观的制造服务化研究

继对制造服务化带来的绩效影响,服务化程度、类型,服务化过程等研究之后,资源和能力的作用在近期的研究中受到了越来越多的关注。对于某些类型的服务,制造企业可以利用其自身经验、专业知识以及已经建立起来的良好形象来提供(Mathieu,2001),制造企业有必要采取"基于能力"的方式来实现成为服务提供商的转型(Oliva,Kallenberg,2003)。

基于能力的视角,Ulaga 和 Reinartz(2011)提出,产品—服务组合的设计和交付涉及四种关键资源:基于基础设备安装的产品使用与数据处理;产品开发与制造资产;强大的产品分销网络;现场服务机构。为了利用这些资源,企业应构建五种关键能力:与服务相关的数据处理和解释能力;风险评估与规避能力;服务设计能力;产品—服务营销能力;产品—服务部署能力。由于很多学者指出资源基础观的一个局限性是没有考虑企业成长过程中资源是如何发展与维持的(Teece,et al.,1997),因此动态能力作为资源与能力的一个扩展概念,更适合研究制造业的服务创新(den Hertog,et,al.,2010)。Teece(2007)将公司层面的动态能力分为感知能力(sensing)、获取能力(seizing)和重构能力(reconfiguring)三个级别。在这个基础上,Kindström 和 Kowalkowski(2012)识别出制造服务化动态能力及其核心基础,从而构建了一个更具包容性的结构框架,其中感知能力的微观基础包括客户关系服务感知、服务系统感知、内部服务感知和技术探索;获取能力(或响应能力)的微观基础包括服务互动、服务交付过程管理和服务发展过程结构化;重构能力的微观基础包括重新编制服务系统、生产资本与服务资本的平衡和构建服务导向的心智模型等,为制造服务化动态能力的构建提供了实证经验。

目前,国内学者对制造服务化交叉领域的相关问题,如服务管理、人力资源管理、客户心理分析等问题研究很少(朱永跃等,2013)。而制造服务化为制造企业创造了一个了解客户和产品使用的机会,是其重要的资源,Vargo 和 Lusch(2010)指出,企业在提供服务的过程中,通过运用技术和制度与客户建立起来的社会、经济互动有助于企业的价值创新。周丹、魏江(2014)采用探索性案例研究法分析了知识型服务获取作用于制造企业创新的机理,结果表明,知识型服务获取有利于制造企业创新绩效的提升,而这种作用是通过资源的重新组合与资源的优化配置这两种资源活动来传导的。然而企业仅拥有资源是不够的,还需要根据外界环境的变化将这些资源打包吸收,才能够创造出竞争优势,因而制造业对资源与环境的依赖性更强。唐德才等(2007)提出自然资源、经济资源(能源及原材料)、社会资源(人力、科技、结构、政府)、生态资源是制造业发展面临的约束。尤宏兵、许立帆(2014)进一步提出了在资源、环境约束条件下加快推进中国制造服务化进程中,政府应该以制造业与生产性服务业互动融合发展为主线,将制造服务化理念融入产业发展规划,从多层面完善促进制造服务化发展的政策。

9.4 制造服务化机理研究

关于制造服务化的机理研究,我国学者以制造业发展路径的三种逻辑可能性(制造业为主、产业融合、服务为主)得出两价值维度下制造业的演进路径,说明产业的发展除了要有有形价值的积累外,还要有知识价值的积累(周大鹏,2013)。

Spring 和 Araujo(2012)在对一个制造高级组件的企业的研究中,详细解释了从制造产品转变为提供服务的过程中,制造企业的能力是如何对提供服务起作用的,以及制造供应网络中服务与制造的关系,并提出了一个制造企业服务发展的模型,包括重构网络的诱因(一般来自市场环境的改变)、生产性机会的出现、资源和服务的利用(利用现有资源提供不同的服务或使用同种服务来生产不同的产品)、网络与资源重构、稳定与营销等。

李晓亮根据制造过程的上游设计、中游制造和下游营销三个阶段,对各个阶段所涉及的生产性服务和服务性生产活动进行整合,构建制造服务化模式的逻辑机理模型。他深入探讨后认为,制造服务化的价值形成机理主要通过强调企业与企业之间的分工协作、抓住需求、客户全程参与等三方面来完成;之后他基于全球价值链的角度进行分析,认为制造企业在实践过程中能选定的服务化路径主要涵盖下游产业链服务化、上游产业链服务化、上下游产业链服务化及完全去制造化等四种类型(李晓亮,2014)。

但是有学者通过文献回顾与实证证据凸显"服务悖论"问题,然后建立制造企业服务提供对制造业企业绩效的假设关系模型,采取判断抽样的方式从广东、浙江、江苏三省共抽取 240 个生产型企业样本,用回归分析对所提假设进行检验,得出制造业服务提供并不是企业绩效的直接刺激因素,而是制造服务化战略的选择(该战略行为执行的内在风险和不确定性的存在),以及战略行为环境的复杂性共同驱动了制造企业聚焦战略一致性行为的选择(胡查平、汪涛,2013)。

9.5 模型

基于以上文献综述,本章认为资源管理是企业创造竞争优势和获取企业价值的核心。制造企业依托原有的制造资源优势,在此基础上,将服务元素融入进来,通过企业资源获取、资源识别、资源整合、资源利用,最终实现向服务型制造成功转型。Sirmon 和 Hitt(2007)指出,企业资源必须通过合理配置和管理,资源的种类和资源的数量达到一定程度才能创造出最大价值。并且,Sirmon 和 Hitt(2007)认为资源管理过程包括资源识别、获取、整合与能力利用四个部分,而其中资源整合实质是资源配置,是创造价值的过程。本章主要参考 Lichtenstein 和 Brush(2001),Ge 和 Dong(2009),马鸿佳等(2010),柳青、蔡莉(2010)关于资源管理的研究文献,以及结合本章的具体研究问题,将资源管理过程分为资源识别、资源整合、资源配置与重组三个过程进行分析。

9.5.1 资源识别

国内学者柳青、蔡莉(2010)在研究企业资源开发过程中将企业资源分为人力资源、财务资源、物质资源、技术资源和组织资源。

基于对过往文献的梳理和归纳,结合制造企业的特征,本章认为制造企业的资源识别过程等,可以从制造企业的技术资源、人力资本、制造设备、财务资源和声誉资源五个方面进行分类,深入了解制造资源所具有的基础资源和核心资源。

9.5.2 资源整合

在资源识别的基础上,企业需要通过一定的过程来整合资源。只有经过对资源的整合,企业才能提升其各种动态性能力(Wang,Ahmed,2007)。安筱鹏(2012)认为,企业资源包括实物资产、金融资产和知识资产,其中实物资产包括固定资产(土地、机器设备、厂房等),金融资产包括各种有价证券和股权等,知识资产包括无形资产和人力资本。对于制造企业来说,资源更多的是设备、机器、厂房等有形资源,但是,目前来看,知识资产在制造企业中的地位越来越重要,并成为企业产品差异化和提高竞争力的重要来源和动力。Edvinsson(1997)对知识资产下了定义,认为知识资产是所有对企业的市场竞争力作出的贡献的专业知识、应用经验、组织技术、客户关系和职业技巧,主要包括三个部分,即人力资本、结构资产、市场资产。

本章模型拟从技术资源、人力资本、资本设备、财务资源、声誉资源五个方面识别制造企业所具有的资源基础。制造企业为了从传统的制造商向服务提供商转型,往往面临着资源缺乏的困境,需要新增资源的投入,但如只是一味地投入资源,无疑会使企业面临巨大的转型成本。因此,必须对这些基础资源进行组合,基于制造和服务本身性质和特征,将这些资源重新组合为通用性资源和专用性资源,实现资源有效组合和配置,再由通用性资源和专用性资源最终输出"产品—服务包"。这里,制造资源指的是企业原本作为传统制造商所具有的制造相关的资源,包括大部分物质方面的资源(比如制造设备等)、基础工作的人力资源等;服务资源指的是企业为了实现特定的服务经营模式与目标,利用自身的一些通用性资源逐步建立起来的严格依赖于企业经营模式的资源,这些资源往往是面向客户的,具有专用性特征的服务性资源,以及为实现服务模式而新增的企业资源。

9.5.3 资源配置与重组

将企业各种资源集中到一起,实现资源的有效利用和管理是企业能力的形成过程。在资源整合的基础上,如何有效地实现资源配置与重组是企业创造竞争优势和获取价值的关键。企业通过识别自身的资源优势,对这些资源加以管理,通过整合和利用这一系列过程能够极大地加强这些资源的潜在价值(Sirmon,Hitt,2003)。资源管理过程是动态变化的,企业需要根据环境的变化来不断调整资源的管理过程,重新进行资源的组合和配置,以实现由资源到价值的转变(Morgan,2000)。

在资源整合的基础上,实现资源的重新配置,是指管理者通过复制与协调的方式来模仿、转移与重新组合资源(Ge,Dong,2009)。企业在识别外部环境变化时,在已有的资源基础上实施战略转型,往往需要通过对企业内部的资源识别、整合,而资源重新组合和配置是其中最重要的环节,也是企业核心能力。资源重构直接影响了企业最终输出怎样的产品,是否能实现战略转型(柳青、蔡莉,2010)。

基于以上的理论基础和分析,得出本章的研究模型(见图9-1)。由图可知,刚开始制造资源和服务资源处于相对独立形态,经过资源配置与重组,制造资源与服务资源集成在一起,最终输出"产品—服务包"。

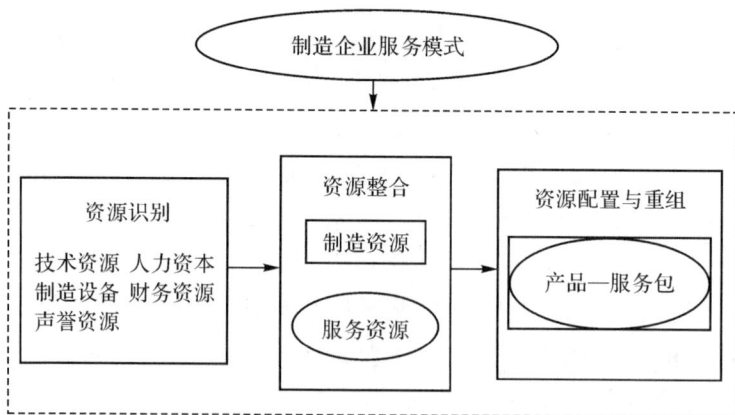

图 9-1　制造服务化转型机理模型:企业资源管理过程

10　转型机理案例

10.1　研究方法

10.1.1　案例选择

选择合适的案例是案例研究的重要阶段,案例的选择首先必须基于研究问题本身,寻找与研究问题相匹配的目标企业,并且目标企业具有足够的代表性和典型性。本章的研究对象是实施服务化的制造企业,基于此,本章需要选取已经比较成熟的制造企业,并且已经向服务化方向发展了一段时间。此外,案例的选择还需要考虑研究所需的资料、数据等其他信息文件的可获取性和可测量性问题(Eisenhardt,1989)。所以,本章在选择案例和进行调研之前做了很多的信息资料的收集工作,对目标企业以及其所在的行业有了一定了解和比较,然后选择其中比较有代表性且具有一定成熟度的制造企业进行了实地调研。而且,由于本章是为了发展理论,而不是验证理论,所以采用理论抽样选择案例分析最为合适(Eisenhardt,1989)。就案例数量考虑,由于案例的选择不能只考虑数量本身,对于相似度很高的案例只能增加研究的广度,而不能增加研究的深度(Easton,1995)。基于可测性和可获取性原则,本章先后调研了四家制造企业,其中一家的服务化发展程度尚浅,对本章的研究帮助不大,所以剔除,另外有两家制造企业(神马监控和天网监控,均为化名)相似度很高,考虑到相似度高的案例,并不能增加研究本身的深度,所以本章选取这两家中的一家作为研究。因此，基于案例选择的原则和要求，同时考虑到理论抽样原则以及案例信息的可获取性问题，最终选取了杭州 H 股份有限公司（下文简称南方制造）和浙江 D 技术股份有限公司（下文简称神马监控）。

10.1.2　数据收集

本章主要通过以下途径进行资料收集：第一，文档收集。本章在研究初期大量地搜索了国内外关于制造服务化的相关文献，文献的收集主要通过 Emerald、EBSCO、JSTOR、Elsevier ScienceDirect（SD）、中国知网等一些国内外数据库进行。并且，针对收集到的文献，进行大量的阅读、比较和分析，挖掘和寻找研究所需要聚焦的问题，以及研究思路和研究方法，初步构建研究框架和模型，为本章的研究奠定理论基础。第二，查看企业的官网。第三，查看企业的相关经济报道。第四，公司年报等对外披露的财务信息。第五，和讯网、巨潮网、中国经济信息网等经济网站，以及同花顺数据库。

实地调研获取的资料是本章案例分析的主要信息来源，实地调研访谈是最主要的数据收集方式，首先收集相关的文献，提出初步的研究模型，并基于研究模型提出了调研提纲。然后，对两家制造企业进行半结构式访谈，每次访谈持续一个小时到两个小时时间，访谈期间均有录音。最后，对调研访谈录音进行转录，完成接触摘要单，并且对转录资料进行编码，修改并完善了初始模型。

10.2　案例背景

10.2.1　南方制造案例背景

南方制造成立于 2002 年 12 月，是由其集团以主营业务（设计和销售空分设备、制造空分设备的核心部机）作为投入，与其他出资人共同出资组建的，后经浙江省人民政府批准，于整体变更后成立。南方制造于2010 年 6 月在深交所成功上市，注册资本为 83177.6 万元。

(1)南方制造发展战略与公司文化

南方制造是国内最大的空分制造企业,属于国内空分行业一线品牌,并且逐渐向国外市场拓展,南方制造以"立足国内第一,争创世界一流"为企业目标。此外,随着服务化的发展趋势,南方制造也没有停留在制造业务,而是积极向服务业务活动拓展,提出"卖气体"的业务转型,开始向气体产业迈进,并且提出"成为世界一流的空分设备和气体运营专家"的企业愿景,以及"向气体提供商转型"的企业战略。南方制造依托原有的技术优势和创新模式,实现了向产业链后端的延伸。南方制造的战略与企业文化如表10-1所示。

表 10-1　南方制造的战略与企业文化

	项目	文字描述
企业战略及目标	企业形象	大气行天下
	企业目标	立足国内第一,争创世界一流
	企业战略	加快实现由空气分离设备制造商向集设备制造商和工业气体供应商为一身的大型企业集团的战略转型
	长期目标	致力于大型、先进空分设备的研发,重点掌握大型空分设备的关键技术,开拓工业气体服务业务
企业文化	核心价值观	团结、创新、共进
	企业使命	引领中国空分产业的发展,为世界提供最优质的空分设备和工业气体
	企业愿景	成为世界一流的空分设备和气体运营专家

资料来源:根据南方制造官网整理。

(2)南方制造主要经营业务

目前南方制造主要经营业务分为三大块,分别是空分设备制造业务、工业气体销售业务、石化设备产品的制造业务。本章的研究主要针对前两大块业务,以下对这两大块业务进行具体介绍。

空分设备制造业务。空气分离设备的生产是南方制造的最早业务,也是发展最为成熟的业务。20世纪50年代,南方制造生产出第一台国产制氧设备,并实现了30立方米/小时空气分离设备的批量生产。大型空分设备通过低温精馏分离技术,分离空气中的各种气体,提取出高纯度的氮气、氧气、氩气等工业气体,主要应用于化工、工业气体、冶金、电力等大量使用氧气或氮气的国民经济基础性行业。

此外,随着南方制造技术的不断发展,企业开始向生产氩气、氪气、氙气、氖气、氦气等稀有气体提取设备发展。20世纪80年代后,在引进国外先进技术的基础上,南方制造通过自主开发和合作开发,先后在国内同行业中率先完成了第四代分子筛净化流程空气分离设备的大、中、小型系列化产品;研制生产了标志我国空气分离设备全系列技术升级换代的第五代增压膨胀流程6000立方米/小时空气分离设备;自行设计生产了国内第一套6000立方米/小时高纯氮设备。从2006年开始,南方制造打破了我国特大型空气分离设备市场完全由国外品牌产品垄断的局面,实现了我国空气分离设备国产化、大型化的重大突破。

工业气体销售业务。南方制造从2003年开始投资设立了第一家气体子公司,此后开始向气体业务发展。由于气体业务的提供商必须具备设备制造能力、运营维护能力以及客户关系资源等条件,所以我国国内开始展开气体业务的公司还比较少,南方制造为此专门培养了一批专业的气体业务管理人员。目前,南方制造设有气体投资部、气体工程部、气体运行部、管理部、物流部等业务管理部门。截至2014年底,南方制造已经设立了26家气体子公司,总投资额达到62.5亿元,合同总制氧能力达到95万立方米/小时,工业气体业务规模快速提升。南方制造已经成为国内工业气体市场的主要竞争者之一。

(3)南方制造服务模式

基于过往的研究,本章将制造企业分为三种服务模式,分别为产品延伸服务、功能性服务、集成解决方案(Neely,2008;蔺雷、吴贵生,2008;安筱鹏,2012)。其中,功能性服务模式的核心是由"卖产品"向"卖功能"转换。传统的制造商以往向客户提供的是实体产品,而客户最终需要的其实并不是产品本身,而是产品带来的效用和功能。在功能性服务模式下,制造商直接向客户提供产品功能(蔺雷、吴贵生,2008)。

南方制造从2007年开始明确将气体业务作为战略发展方向,并且提出"成为世界一流气体运营专家"的企业愿景。南方制造凭借原有的空分设备制造优势,充分利用设备设计技术、制造技术,发挥原有的制造资源优势,通过技术二次研发,以及组织流程创新,向服务型制造企业转型。

南方制造提供给客户的服务模式就是功能性服务模式。南方制造从原来制造和销售空分设备,转变到根据客户的需求,采购空分设备及相关部件,在客户所在地附近建立气体子公司,负责施工和运营空分设备,最终直接卖气体给客户。

南方制造主要采用的供气模式有四种:现场制气、管网供气(在工业区)、液体槽车运气(客户更为零散)和瓶装气(气体形式)。并且,以现场制气为主,但是副产品(液态气)也是重要的利润来源。所以,一方面,南方制造需要加大运营管理能力,调整管理管理机制与激励机制,发挥知识型人力资本优势,以节能、有效、安全的方式运营空分设备;另一方面,更好地经营液体气,也是南方制造获取新的利润空间的途径之一。

(4)南方制造服务流程

南方制造的主要服务流程有客户需求调查、拟定设计方案、设备询价与采购、气体公司的工程实施、后期运营和气体销售等环节(见图10-1)。

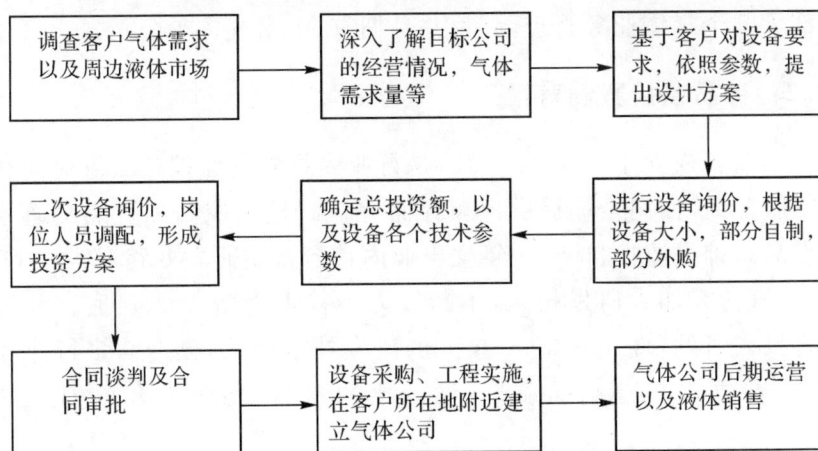

图 10-1　南方制造的服务流程

(5)气体业务发展阶段

南方制造气体业务的发展阶段可以分为四个阶段:2003—2007 年为起步阶段,公司于 2003 年设立第一家气体公司;2007—2010 年为战略发展阶段,公司明确将气体业务作为战略发展方向;2010—2011 年为快速发展阶段,气体子公司由 10 家扩张到 25 家;2011 年至今,进入平稳发展阶段(见图10-2)。

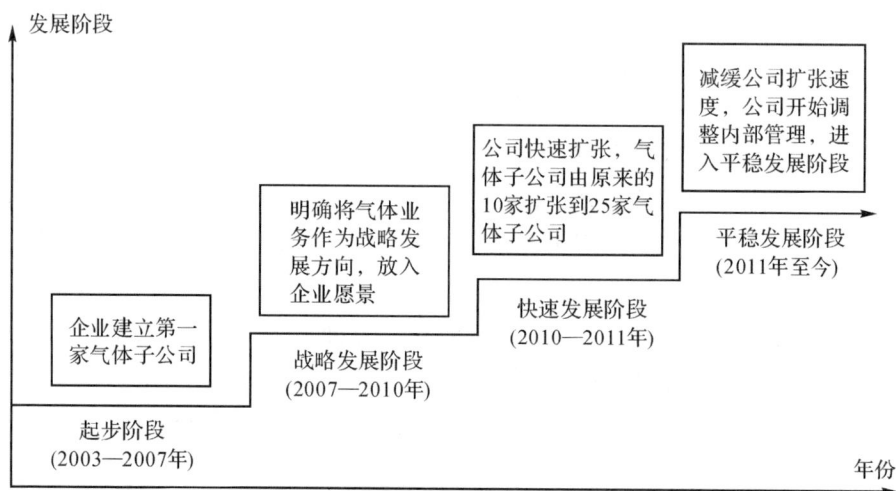

图 10-2 南方制造气体业务发展历程

目前,南方制造设有气体投资部、气体工程部、气体运行部、管理部、物流部等 5 个气体业务管理部门,并且拥有 25 家气体子公司。

10.2.2 神马监控案例背景

神马监控成立于 2001 年 3 月,是行业内领先的监控产品供应商和解决方案服务商,面向全球提供视频存储、前端、显示控制和智能交通等系列化产品。神马监控自 2001 年推出业内首台自主研发 8 路嵌入式 DVR 以来,一直持续加大研发投入,不断致力于技术创新。每年近 10% 的销售收入投入研发,现拥有 3000 余人的研发技术团队,创造众多行业和世界第一,并立志打造高品质、高性价比的精品,持续为客户创造最大价值。

神马监控的营销和服务网络覆盖海内外,在国内各省区,海外亚太、北美、欧洲、非洲等地建立营销和服务中心,为客户提供端对端快速、优质服务,并在业内率先实行产品保修三年。产品广泛应用于公安、金融、交通、能源、通信等关键领域,并相继参与三峡水电、六国峰会、奥运场馆、上海世博、广州亚运、陕西世界园艺博览会、英国伦敦地铁等重大工程项目。

（1）神马监控发展历程

神马监控从 2001 年成立至今，专注于数字视频监控技术的研究和视频监控产品的研发、生产和销售。公司经历了起步、成长、快速发展、扩张转型等四个阶段（见图 10-3）。

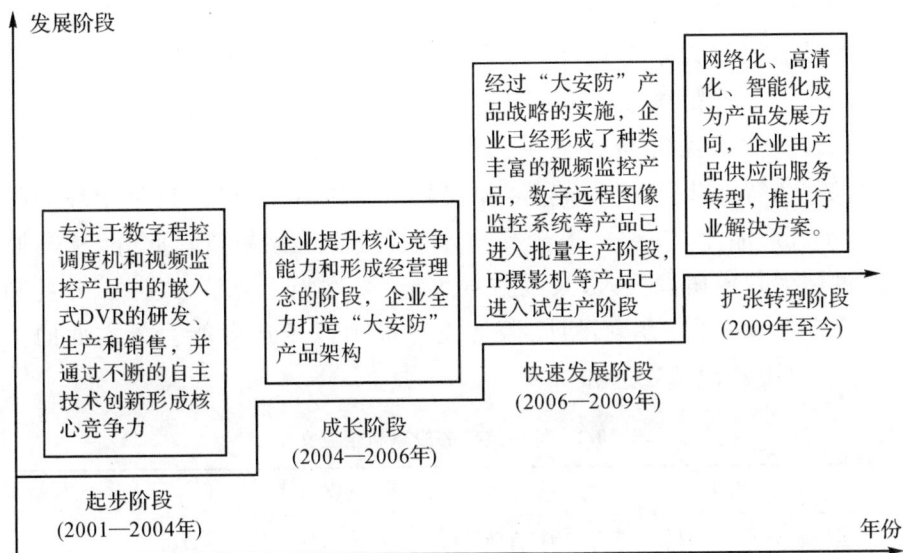

图 10-3　神马监控发展历程

2001—2004 年，企业起步阶段。这一阶段，企业专注于数字程控调度机和视频监控产品中的嵌入式 DVR 的研发、生产和销售，并通过不断的自主技术创新形成核心竞争力。

2004—2006 年，企业成长阶段。该阶段是企业提升核心竞争能力和形成经营理念的阶段，企业全力打造"大安防"产品架构。

2006—2009 年，企业快速发展阶段。经过"大安防"产品战略的实施，企业已经形成了种类丰富的视频监控产品，嵌入式 DVR、球机、NVS、板卡和数字远程图像监控系统等产品已进入批量生产阶段，IP 摄像机、IP 存储、移动 DVR、超速抓拍仪等产品已进入试生产阶段。

2009 年至今，企业扩张转型阶段。网络化、高清化、智能化成为企业产品发展方向，企业由产品供应向服务转型，推出行业解决方案。

目前，神马监控是我国安防产品主流供应商之一，公司已形成音视频编解码算法技术、信息存储调用技术、集成电路应用技术、网络控制与传输技术、嵌入式开发技术等五大核心技术平台和面向安防视频监控前沿领域的"大安防"产品架构，企业产品被应用于世界最大水电工程三峡葛洲坝电厂远程监控项目、国内最大直流 500kV 换流站宜昌龙泉换流站项目等重大项目。

（2）神马监控企业战略及文化

神马监控致力于打造中国"安防"第一品牌，实现国际化经营目标（见表 10-2）。现阶段企业正在围绕"大安防"战略，逐步完成从产品供应商向系统解决方案和服务提供商转变。神马监控顺应安防行业"网络化、高清化、智能化"的发展趋势，加快新产品的开发进度，推进全球品牌战略，扩大产品生产能力，提升交付水平，提高产品质量。此外，神马监控通过加大技术研发投入，鼓励技术创新，来增强企业核心实力，并且利用自身在技术开发、方案设计、服务支持能力以及运营能力等方面的优势，开始向服务领域渗透和扩张。

表 10-2　神马监控的战略和企业文化

	项目	文字描述
企业战略及目标	公司发展目标	打造中国"安防"第一品牌，实现国际化经营目标
	基本战略	不断追求品质，不断提升品质是神马监控现在和未来发展的主旋律。围绕"大安防"战略，逐步完成从产品供应商向系统解决方案和服务提供商转变
	发展路线	通过持续投入和培育技术创新力量来提升企业的综合竞争力，不断利用自身在技术研发、方案设计、服务支持和运营参与等方面的优势进行全方位的行业渗透和扩张
	长期目标	行业领先，在细分行业内实现行业第一，保持领先发展趋势，奠定强势地位
企业文化	核心理念	以客户为中心，以员工为本
	公司使命	行业领先，产业报国
	公司精神	诚信、敬业、责任、创新

资料来源：根据神马监控官网整理。

（3）神马监控主要经营业务

神马监控以嵌入式 DVR 为核心产品，主要产品包括四大类，分别是嵌入式 DVR、"大安防"产品架构中的新产品、数字远程图像监控系统和数字程控调度机。

　　嵌入式 DVR。神马监控的核心产品是嵌入式 DVR,属于后端产品,应用于数字视频监控系统,是数字监控系统后端设备的核心产品。DVR产品采用音视频编解码标准算法,从 MJPEG、MPEG2 到 MPEG4、H.264,视频路数从单路到多路,网络功能从无到有、从局域网到广域网等。总的来说,DVR 可以分为两大类:基于 PC 架构的 PC 式 DVR 和基于嵌入式系统的嵌入式 DVR。

　　"大安防"产品架构中的新产品。神马监控提出实施"大安防"产品战略,旨在基本覆盖视频监控系统前端、主控、后端等各环节的"大安防"产品架构(见表 10-3)。

表 10-3　神马监控"大安防"产品情况

产品大类	产品小类	主要特点	主要用途
球机	室内模拟高速球机	(1)带高速云台和大变焦功能的一体化摄像机,支持各种尺寸和系列的选择;(2)标准 PAL 或者 NTSC 视频输出,清晰度高;(3)多种模式自动扫描,带三维定位功能、寻迹功能、鼠标点击自动对准功能、快速安装功能;(4)带图像自动跟踪模块,支持符合安防行业标准的控制协议,支持扩展特有功能协议	主要应用于需要随时调整监控角度的场所,如广场、港口、机场等大范围拍摄的场所
	室外模拟高速球机		
NVS	1 路 NVS	(1)嵌入式操作系统稳定可靠、低功耗、低发热量、体积小,适合各种安装环境;(2)支持 MPEG4、H.264 多种压缩算法,支持多种视频路数和各种安装密度的选择;(3)支持各种网络如以太网、光纤、ADSL、CDMA、GPRS 等;(4)支持本公司多媒体专用协议和运营商开放协议,组网方式灵活;(5)提供丰富而开放的多平台软件开发包,适合第三方的二次开发	(1)适用于总部对异地工厂、家庭安保、幼儿园等远程监控的需要;(2)适用于电信"全球眼"等运营平台;(3)适用于无线监控
	经济型 NVS		
	增强型 NVS		
	本地存储 NVS		

续表

产品大类	产品小类	主要特点	主要用途
板卡	音视频压缩卡	(1)提供 PCB 排插(16 路卡),支持内部模拟音视频输入接口,产品增值开发更加灵活;(2)支持全路数非实时 D1 编码,高帧率,同时还提供双码流功能;(3)数据接口更加丰富。	主要应用于大型音视频监控平台
	音视频解码卡	(1)可与内含专用软件的服务器相结合组成网络虚拟矩阵;(2)支持标准 BNC 输出,可直接接至电视墙等并实现同步显示;(3)支持音量调整,支持解码播放时抓图、缩放、转存文件等功能;(4)提供 DEMO 软件及源程序	主要应于数字音视频的解码和上墙显示及矩阵切换
控制键盘	控制键盘	(1)设计更加美观,材料更好,采用三维摇杆,更灵活更快捷;(2)增加了网络接口,可通过网络连接对前端设备进行控制;(3)增加了 USB 接口,可对前端设备的资料进行备份;(4)支持级联,增加了液晶显示,控制和设置更方便;(5)具备多级用户权限设置功能	主要应用于对 DVR、球机、网络视频服务器的本地和远程控制
	网络键盘		

资料来源:根据神马监控官网整理。

数字远程图像监控系统。数字远程图像监控系统是根据客户需求定制生产和销售的系统集成产品,也是神马监控实施服务化的主要方向。神马监控在供应系统集成产品的同时还根据客户需求为客户提供系统方案的设计、产品的安装调试、人员的培训等配套服务。公司数字远程图像监控系统的构成为球机、DVR、NVS、矩阵、服务器、监视器、管理软件等。

数字程控调度机。数字程控调度机是公司发展早期的产品之一。数字程控调度机是根据客户需求定制生产和销售的系统集成产品,公司在供应数字程控调度机的同时还根据客户需求为客户提供系统方案的设计、产品的安装调试、人员的培训等配套服务。公司数字程控调度机主要应用于煤矿、石油、化工、矿山、冶炼、交通、电力、军事、公安、部队等专网和企事业单位的行政通话和调度指挥。调度机主要构成是主机、机柜、键盘、调度桌。

(4)神马监控服务模式

集成解决方案是指制造企业放弃部分低附加值的生产和制造环节,

从资源节约和合理配置的角度，将资源集中在企业的核心能力上，通过之前积累的各类能力为企业提供高附加值服务。解决方案这种服务产品本身已经逐渐脱离产品实体形式，更多的是表现为知识密集型的服务产品。目前，我国制造企业解决方案大部分还没有完全脱离制造产品，或独立标价出售，而是更多地表现为与制造产品捆绑在一起，以"产品—服务包"形式输出给客户。本案例里，神马监控服务模式就是集成解决方案，神马监控依托公司的核心技术能力、研发能力、制造能力等，在原有的制造产品基础上，进行知识密集型改进，最后推出基于客户特殊需求的一整套集成解决方案。

神马监控的解决方案主要分为以下两大块。

通用性解决方案。通用联网监控解决方案旨在解决人们对视频安防的不同场景的需求。神马监控依托强大的研发实力和丰富的行业经验，为不同行业客户提供安防整体解决方案。神马监控首先对不同行业需求的共性进行分析和总结。在此基础上进行软件平台的研发。这部分针对客户共性需求的研发，表现为神马监控的通用基础性资源，为各个事业部和不同行业客户提供技术支持。神马监控为了实现通用联网监控解决方案，建立了数据采集、数据中心、平台层、业务层四大层次的架构（见表 10-4）。

表 10-4　神马监控通用性解决方案架构

层次	具体内容
业务层	实时监视；录像回放；电子地图；视频上墙
平台层	管理平台；解码显示；运维平台；移动平台
数据中心	将前端采集的数据进行存储和再加工，支持 DVR、NVR、EVS、SAN 以及 NAS 等多种存储方式。对数据中心而言，容灾是其核心关注点
数据采集	视频编码设备、报警设备、门禁等产品，负责实时采集各个前端点位的信息，是整个视频监控系统的神经末梢，也是整个方案的基石

此外，在规模化系统中运维平台也是不可缺少的，神马监控运维系统对视频设备的各类故障以及视频质量监测，及时有效发现系统中的潜在风险和问题，对设备故障及时上报，启动维修工作流程，最大限度地保证系统、设备正常运转，确保视频图像资源的完好率。

专用性行业解决方案。行业解决方案是针对不同行业专门设计的方案,具有专用性特征。这些行业包括智能交通行业、教育行业、能源行业、司法行业、公安行业、金融行业(见表10-5)。神马监控首先对每个行业的客户需求进行识别和分析,了解他们的特殊个性化需求,比如金融行业,对安防系统要求是实现高清画质,银行联网监控以及多系统综合管理需求。针对金融行业的需求,解决方案就需要将各种需求分解为子系统,如入侵报警系统、门禁控制系统、语音对讲系统等,然后将这些子系统进行融合,构建一个能多方位解决多种问题的大系统。

表 10-5 神马监控的不同行业解决方案

行业	解决方案
智能交通行业	高清卡口系统解决方案、高清电子警察系统解决方案、城市智能交通综合解决方案、信号控制系统方案、非现场执法系统解决方案、交通事件检测解决方案
金融行业	银行安防系统解决方案,其中包括子系统:音视频监控系统、入侵报警系统、出入口控制(门禁)系统、语音对讲系统、智能化系统
公安行业	第四代平安城市"立体化"防控体系解决方案,包括五个子系统:道路防控系统、城区视频防控系统、无线监控系统、人员卡口系统、软件平台
司法行业	司法审讯系统解决方案主要包括三类:标准同步录音录像系统整体解决方案、移动便携式审讯系统整体解决方案、远程提审系统整体解决方案
能源行业	能源行业解决方案,主要应用于油气田联网、管道沿线联网、炼油炼化联网、油气库联网、油气罐车联网、加油加气站联网、城市燃气联网、煤炭矿业联网
教育行业	教育行业解决方案主要包括:视频监控报警系统、主管部门远程监管系统、远程示范教学评估系统

10.3 跨案例研究

10.3.1 背景比较

本节将对南方制造和神马监控两家企业进行对比分析,探究制造企业资源差异、资源整合和重组差异等问题,从资源观的角度,打开制造服务化转型的资源管理过程。下面从企业性质、行业地位、行业特征、主营业务等方面对两家企业的基本特征进行比较(见表10-6)。

表 10-6　转型机理研究两家制造企业基本特征比较

	南方制造	神马监控
成立年份	2002 年	2001 年
上市时间	2010 年	2008 年
企业规模	总资产 99 亿元	总资产 60 亿元
所属行业	气体分离设备制造行业	安防行业
所有制性质	国有企业	股份制
行业特征	高资本、高安全性、高技术	高新技术,客户需求变化快
行业地位	国内一线品牌,国际空分"五强"企业	国内一线品牌
行业进入壁垒	极高	一般
主营业务	空气分离设备制造业务、工业气体产品制造业务、乙烯冷箱等石化设备产品	嵌入式 DVR、"大安防"产品架构中的新产品、数字远程图像监控系统、数字程控调度机

第一,可以看出两家企业都属于较大规模的企业。这取决于行业属性,制造企业由于需要大型的机器设备、厂房等固定资产,所以需要大量的资本资金,属于资本密集型行业。

第二,南方制造属于国有企业,根据调研反映的情况来看,由于国有企业普遍存在效率较低、资源利用率不高等问题,使得企业服务领域过程中也存在诸多问题,比如气体运营缺乏合适的激励机制,使得运营过程消耗了过多能源等。

第三,从两家企业所处的子行业特征来看,南方制造处于空分设备制造行业,该行业需要较高的安全性和技术水平。由于该行业主要提供工业气体,设备本身具有复杂性和系统性特征,所以对设备本身的稳定性、安全性要求极高,这使得该行业具有很高的进入壁垒,往往需要具有一定品牌知名度的成熟企业。相比之下,神马监控的进入壁垒没有南方制造那么高。根据调研访谈得知,安防行业前端产品的同质化现象严重,而且出现很多仿制厂商,同质化产品大量进入市场,使得企业的前端产品利润被摊薄。

第四,两家制造企业在国内行业地位都属于国内一线品牌,其中南方制造已经进入国际空分"五强"企业,相比之下,神马监控在国内安防行业处于第二名,但与国际同行领先企业相比,无论是技术水平还是行业规模都还有一定距离。但在国内，两家企业都属于行业内领先企业，具有成熟的技术水平和优秀的人才队伍，这也为它们实施服务化转型奠定了基础。

第五，南方制造主营业务包括三个，分别为空气分离设备制造业务、工业气体产品制造业务、乙烯冷箱等石化设备产品，已经明确将气体服务业务列入公司的主营业务中，并且已经纳入了公司的战略层面。神马监控的主要业务是嵌入式DVR、"大安防"产品架构中的新产品、数字远程图像监控系统、数字程控调度机，解决方案服务主要包含于数字远程图像监控系统，基于客户需求，通过平台软件进行集成整合。所以，服务业务目前还没有成为神马监控的最主要业务活动。

10.3.2 服务模式比较

基于过往的研究，我们将制造企业分为三种服务模式，分别为产品延伸服务、功能性服务、整合性解决方案。产品延伸服务属于初级模式，主要表现在售后支持服务或一些增值服务，属于附加从属服务，企业在资源配置和重组方面没有太大的变化。所以本章着重通过案例分析，研究功能性服务、整合性解决方案两种服务模式（见表10-7）。

表 10-7 两家制造企业服务模式比较

	南方制造	神马监控
服务化战略	成为世界一流的气体运营专家	从产品供应商向系统解决方案和服务提供商转变
服务模式	功能性服务	集成解决方案
服务内涵	从提供"产品"转向提供客户所需的"效用或功能"	针对客户个性化需求，在有形产品的基础上，为客户提供产品与服务为一体的全面解决方案
服务形式	在客户公司附近建立气体公司，基于客户需求，购建空分设备，负责设备运营，将最终分离的工业气体卖给客户	针对客户提出的要求，在原有的核心技术基础上，进行产品的二次定制化研发，通过平台软件集成，为客户提供行业解决方案
起步时间	2003年成立第一家气体公司	2009年开始提出向解决方案提供商转型
服务收益来源	卖气体的服务收入，副产品（液态气）周边市场销售收入	解决方案与安防产品一同出售，方案收入包括在总售价内

首先是服务模式比较。南方制造的服务模式属于功能性服务模式。该服务模式的核心在于由"卖产品"向"卖功能"转换。传统的制造商以往向客户提供的是实体产品，而客户最终需要的其实并不是产品本身，而是产品带来的效用和功能。在功能性服务模式下，制造商直接向客户提供了产品功能。神马监控的服务模式属于集成解决方案。这种服务模式本身已经逐渐在脱离产品实体形式，更多的是表现为知识密集型的服务产品。它是企业将之前积累的资源（技术等）与能力（整合能力、研发能力等）分解后再进行外化，实现基于客户需求的要素重组。

其次是服务化发展阶段比较。南方制造开始服务化的时间相对比较早，所以经历了比较长的发展过程，自从 2003 年成立第一家气体子公司之后，分别经历了起步阶段、战略发展阶段、快速发展阶段、平稳发展阶段。相比之下，神马监控的起步比较晚，由于考虑到制造产品同质化问题，神马监控逐步向服务提供商转型，一方面帮助企业获取新的价值，另一方面也拉长了产品的生命周期，和客户建立了长期合作关系。根据调研访谈得知，神马监控目前正在向解决方案提供商转型，但并没有将公司资源集中投入，仍然处于探索中。

最后是服务收益来源比较。南方制造的服务收益来源主要在于两个方面：一方面，通过建立气体子公司，为客户公司提供工业气体，通过卖气体获得收益；另一方面，南方制造将副产品（液态气）通过管道运输出去，在周边市场进行销售，获得收益。相对而言，南方制造的服务收益来源比较明确，并且多样化。神马监控的服务收益主要来源于解决方案的销售。但到目前为止，解决方案大部分还没有完全脱离制造产品，或独立标价出售，而是更多地表现为与制造产品捆绑在一起，以"产品—服务包"形式输出给客户，且没有独立核算，所以神马监控服务收益来源相对比较模糊。

10.3.3 不同服务模式的资源管理过程

制造企业资源管理过程中资源整合与配置，是在企业识别出核心资源之后，将这些资源集中起来，进行捆绑组合的过程，这也是企业能力构建的核心子过程。制造企业可以通过整合原有的资源禀赋，融入新的资源，最终整合为制造资源和服务资源。本节将南方制造和神马监控的资源整合过程进行比较(见表 10-8)。

表 10-8　两家制造企业资源整合过程比较

	潜变量	南方制造	神马监控
服务模式	服务模式	功能性服务	整合性解决方案
制造资源	物质资源	大型制造设备、厂房、土地	基础生产设备(用于部分生产,其余外协加工)、硬件及其配件
	财务资源	资金来源主要三个方式:自有资金、银行贷款、资本融资,自有资金占30%,其余通过股权或债权融资	财务杠杆较低,具有充足的自有资金,以及每年留存利润
	核心技术资源	产品设计技术、制造工艺技术	音视频编解码算法技术、信息存储调用技术、集成电路应用技术、网络控制与传输技术、嵌入式开发技术等五大核心技术平台
服务资源	知识型人力资本	(1)针对特殊需求的技术研发人才 (2)运营管理人才	(1)前期服务人员(前期市场需求的捕捉、前期的技术预测人员) (2)针对特殊需求的技术研发人员 (3)后期跟踪服务人员
	声誉资源	国内一线品牌,国际空分"五强"企业,具有较高知名度	国内一线品牌,行业排名第二,与国际领先企业还有差距

第一,制造资源整合比较。南方制造的物质资源主要表现为大型制造设备、厂房、土地,而且,南方制造的空分产品比较复杂,分为静设备体系和动设备体系,设备规模很大,属于大型高价值设备。因此,南方制造需要更多的财务资源。神马监控的物质资源主要表现在基础生产设备、硬件及其配件,神马监控采用的是自主生产加外协生产方式,所以在生产机器方面的投入相对不多,部分生产是移送外协进行加工。

在核心技术资源方面,由于两家企业都属于高新技术企业,技术水平在行业内都处于领先地位,但与国外企业技术相比,仍有欠缺,尤其是核心部件或芯片,仍然需要向国外企业购置。南方制造的技术主要表现在两个方面,分别为产品设计技术、制造工艺技术,而产品设计技术也是南方制造服务化所依托的核心技术优势,根据客户实际气体需求和情况,改进产品设计。神马监控的技术主要体现在数据处理技术、存储技术、网络传输技术以及嵌入式开发技术等,所以神马监控的产品后续开发主要是向软件平台开发及集成等方面发展。

第二,服务资源整合比较。制造企业在转型成为服务提供商时,必须新增服务资源,而这部分的服务资源更多地表现为无形资产,以人力资本和知识资产作为主要投入,因此它们的产品体现了人力资本和知识资本的服务。南方制造服务资源主要表现为针对特殊需求的技术研发人才、运营管理人才,以及声誉资源。南方制造在从卖设备向卖气体转换的过程中,所采用的服务方式就是在客户公司附近建立新的气体子公司,负责实施、构建设备,以及后期的设备维护和运营操作。因此,公司需要大量的管理人才和能够稳定运营设备的专业运营人才。对于南方制造而言,在服务化转型过程中,特殊研发技术人员和专业运营人才尤为重要,也是服务化是否成功的关键。

相比之下神马监控的服务资源主要表现为前期服务人员,这部分人员主要负责两块内容:一方面是前期市场需求的捕捉,通过搜集各个区域客户反馈上来的信息,以及其他信息渠道,针对客户需求的变化,进行产品设计的调整;另一方面,由于神马监控所处的行业属于高新技术行业,以技术为核心引导企业的发展,所以神马监控有专门的预研部,负责前瞻性技术工作,以及针对客户需求的二次技术研发人员、后期跟踪服务人员。

第三,资源重组与服务模式比较。南方制造的服务组织形式是在客户周边建立气体子公司,通过调用公司总部的技术人员、管理人员、运营人员,对气体公司进行管理运作,最终为客户提供工业气体;另外,向周边市场销售副产品(液态气)。这就需要南方制造在原有的制造资源的基础上,获取和整合服务资源。

神马监控主要通过提供解决方案向服务化转型,并且成立了系统集成事业部,主要负责数字远程图像监控系统和数字程控调度机等系统集成产品的销售工作。销售对象主要是电力、公安、煤矿等行业用户,并且系统集成产品是个性化定制产品,需根据客户的需求为其提供系统设计、安装调试和人员培训等配套服务。公司研发部制订系统集成产品的具体研发计划和方案,并组织实施和协调,从公司的资源线提取必要的资源。神马监控资源线主要为产品线提供基础技术和公共资源的支持。

10.3.4　讨论

通过对两家制造企业的案例比较,我们可以看出两家制造企业的资源差异,从而导致他们最终选择了不同的服务模式。南方制造所处的行业具有高资本、高安全性、高技术等特征,而这些特征使得南方制造,相比其他服务企业来说,具有先天性的优势,也使南方制造在向服务转型过程中,不容易被其他企业所模仿或取代。南方制造采用的服务模式是功能性服务(面向应用),而这种服务模式的运作往往需要提供商负责前期采购,产品设计和制造,以及后期的产品运作等一系列工作,贯彻产品整个生命周期,这就需要提供商具有强大的资金实力、制造能力、管理运作能力、服务能力等多方面综合能力,无论对企业的资源和能力都是一种挑战。

神马监控采用的服务模式是集成解决方案。由于这种服务模式是面向方案,所以在服务化转型过程中不需要大量的固定资产投入,主要的资源投入体现在技术研发人员和服务人员两个方面。所以对这类服务模式,更多的是要关注如何实现资源有效管理和配置,防止出现资源重复等问题。神马监控为了避免该类问题,采用了产品线、资源线和项目组的组织结构,针对客户的特殊需求,由研发组进行二次定制性开发,再从资源线中提取所需的相关资源。

因此,制造企业在转型服务过程中需要根据企业本身的资源和能力优势,选择合适的服务模式,并且建立相应的组织结构和管理平台,实现有效的资源配置与重组,才能既发挥制造企业原本的制造优势,又不会陷入成本陷阱。

10.4　结论

10.4.1　研究结论

在服务经济背景下,制造服务化转型是发展趋势。基于我国的实际国情,一方面,受制于技术水平,我国制造企业尚未掌握核心关键技术,很多制造产品的核心芯片或部件需要向国外企业购买,从而使得我国制造企业长期处于低端制造生产环节,产品出现严重的同质化现象。另一方面,整体来说我国服务业发展实力不强,这就导致制造企业在服务化转型过程中,面临了两大挑战:一是如何整合和利用原有的制造企业资源优势;二是如何融合制造产品与服务,使得制造产品和服务由原来的相对独立形式,向整合、集成的形式转变,最终实现制造服务化转型。

本章探究制造服务化转型的机理——制造企业为了获取竞争优势,是如何实现服务化转型的。基于资源基础理论,本章解析制造企业识别原有的制造资源,将新增服务资源整合到原有资源中,有效实现战略转型。事实上,对于制造企业来说,首要的还是集中资源研发核心技术,提高制造能力,所以制造企业只能将极其有限的资源配置用于服务方面。这样一来,既导致制造企业由于要兼顾制造与服务两块内容,资源不足,出现"捉襟见肘"的现象,又导致制造企业服务只有"量"的提高,却没有"质"的突破,无法形成服务可能带来的增值价值和差异化优势。所以,如何将制造资源和服务资源有效融合,使得产品与服务向一种集成的形式发展,是制造服务化转型的关键。

本章通过案例探究制造服务化转型的资源管理过程,以期解析制造企业如何快速摆脱困境,有效配置和利用资源,实现制造产品和服务的融合。根据对两家制造企业的跨案例研究,得出结论:制造企业想要成功转型,获取长期可持续优势,就需要一方面继续保持和利用制造企业原本具有的制造资源优势,发挥它们在技术、研发、物质资源方面的先天性优势;另一方面,知识和技术在制造企业内发挥的作用在不断增强,应基于原本的制造产品,形成知识、技术(技能、经验)密集型的"产品—服务包"。

制造企业在实现服务化转型过程中,需要根据自身的资源优势和能力特征,选择合适的服务模式。我们认为,制造企业可选择的服务模式主要有功能性服务(面向应用)和集成解决方案(面向方案)。功能性服务(面向应用)的运作往往需要提供商负责前期采购、产品设计和制造,以及后期的产品运作等一系列工作,贯彻产品整个生命周期,这就需要提供商具有强大的资金实力、制造能力、管理运作能力、服务能力等多方面综合能力,所以采用该模式的企业一般是相当成熟、具有比较大规模的制造企业。采用该模式的企业由于是面向方案,所以在服务化转型过程中不需要大量的固定资产投入,主要的资源投入体现在技术研发人员和服务人员两个方面。所以选择这种服务模式的制造企业需要具有很强的技术研发能力,才能满足客户特殊需求,另外,还需要平台集成能力,在核心技术上将二次研发软件嵌入软件平台中。

此外,制造企业资源整合需要建立合理有效的组织结构和管理平台,这样才不至于在转型过程中出现资源重复、管理混乱、收益欠佳等问题。

10.4.2 启示

本章结合案例分析和实证分析,对我国制造服务化转型机理进行了探索,并得出了一些研究启示。

第一,基于制造企业资源与能力特征,选择合适的服务模式。每个制造企业所具有的资源和能力优势都不同,这取决于制造企业所处的行业特征等。所以要成功转型,就需要重新审视企业本身的资源和能力特征,依托原有的制造优势,选择合适的服务模式,基于此,开展各种服务活动。这样既有利于原有优势的发挥,又能将服务元素有机结合,获取差异化优势。

第二,加强制造企业服务能力,拓展服务资源。服务资源是制造服务化转型是否成功的关键。对于制造企业来说,服务领域是相对比较陌生的领域,并且,相比制造资源,服务资源往往表现为无形的知识资产,知识资产在制造企业中的地位和作用越来越重要,并成为创造价值不可缺少的特有资源。所以,积极拓展服务资源,引入知识型人力资本,有助于加强制造企业的服务能力。

第三,加强制造企业整合能力,调整组织结构。制造企业转型最大的挑战就是如何整合制造资源和服务资源,这就需要制造企业建立有效的组织结构,在二次研发的基础上,有效地实现资源调配与利用。

参考文献

[1] Ahuja, G., 2007. Managing network resources: Alliances, affiliation, and other relational assets[J]. Administrative Science Quarterly, 52(3):476-481.

[2] Amit, R., Schoemaker P. J. H., 1993. Strategic assets and organizational rent[J]. Strategic Management Journal, 14(1): 33-46.

[3] Andrew, C. I., Steven, C. C., 1998. The nature, antecedents, and consequences of joint venture trust[J]. Journal of International Management, 4(1): 1-20.

[4] Ansoff, H. L., 1965. Corporate Strategy [M]. New York, Mcgraw-Hill.

[5] Bae, J., Gargiulo, M., 2004. Partner substitutability, alliance networks structure, and firm profitability in the telecommunications industry [J]. Academy of Management Journal, 47(2): 843-859.

[6] Baines, T. S., Lightfoot, H. W., Benedettini, O., Kay, J. M., 2009. The servitization of manufacturing: A review of literature and reflection on future challenges[J]. Journal of Manufacturing Technology Management, 20(5): 547-567.

[7] Barney, J., 1991. Firm resources and sustained competitive advantage[J]. Journal of management, 17(1): 99-120.

[8] Barringer, B. R., Harrison, J. S., 2000. Walking a tightrope: Creating value through interorganizational relationships [J]. Journal of Management, 26(3):367-403.

[9] Baumol, W. J. , 1967. Macroeconomics of unbalanced growth: The anatomy of an urban crisis [J]. American Economics Review, 57 (3): 415-426.

[10] Benjamin, R. , Rockart, J. , Morton, M. , Wyman, J. , 1984. Information technology: A strategic opportunity[J]. Sloan Management Review , 25(3):3-10.

[11] Berger, S. , Lester, R. , 1997. Made by Hong Kong[M]. Oxford: Oxford University Press.

[12] Bowen,D. E. , Siehl, C. , Schneider, B. , 1989. A framework for analyzing customer service orientations in manufacturing [J]. Academy of Management Review, 14(1): 75-95.

[13] Boyt, T. , Harvey, M. , 1997. Classification of industrial services: A model with strategic implications [J]. Industrial Marketing Management, 26(4): 291-300.

[14] Brax, S. A. , Jonsson, K. , 2009. Developing integrated solution offerings for remote diagnostics: A comparative case study of two manufacturers [J]. International Journal of Operations & Production Management, 29(5): 539-560.

[15] Broadbent, M. , Weill, P. , Neo,B. S. ,1999. Strategic context and patterns of IT infrastructure capability[J]. Journal of Strategic Information Systems, 8(2): 157-187.

[16] Brockhoff, K. , Chakrabarti, A. K. , 1988. R&D/marketing linkage and innovation strategy: Some West German experience[J]. IEEE Transactions on Engineering Management, 35(3): 167-174.

[17] Broekhuis, M. , DeBlok, C. , Meijboom, B. , 2009. Improving client-centred care and services: The role of front/back-office configurations[J]. Journal of Advanced Nursing, 65(5): 971-980.

[18] Brown, J. S. , Duguid, P. , 2001. Knowledge and organization: A social-practice perspective [J]. Organization Science, 12 (2): 198-213.

[19] Brown, S. W. , Gustafsson, A. , Witell, L. , 2010. Service Logic:

Transforming Product-Focused Businesses [R]. CSL whitepaper.

[20] Brush,C. G. , Greene, P. G. , Hart, M. M. , 2001. From initial idea to unique advantage: The entrepreneurial challenge of constructing a resource base, Academy of Management Executive [J]. 15(1): 64-78.

[21] Burt, R. L. , 1992. Structural Holes [M]. Boston:Harvard Business School Press.

[22] Casciaro,T. , Piskorski,M. J. , 2005. Power imbalance, mutual dependence, and constraint absorption: A closer look at resource dependence theory[J]. Administrative Science Quarterly, 50(6): 167-199.

[23] Ceci, F. , Masini, A. , 2011. Balancing specialized and generic capabilities in the provision of integrated solutions [J]. Industrial and Corporate Change, 20(1): 91-131.

[24] Chase, R. B. , 1978. Where does the customer fit in a service operation? [J]. Harvard Business review, 56(6): 137-142.

[25] Cheng, L. Y. , Cheung, F. M. C. , Chen,C. N. , 1993. Psychotherapy for the Chinese: Selected Papers from the First International Conference[C]. Hong Kong: The Chinese University of Hong Kong, 19-56.

[26] Cheung,M. S. ,Myers, M. B. , Mentzer, J. T. , 2010. Does relationship learnig lead to relationship value? A cross-national supply chain investigation[J]. Journal of Operations Management, 28 (6): 472-487.

[27] Childhouse, P. , Towill, D. , R. , 2003. Simplified material flow holds the key to supply chain integration [J]. Omega,1(3):17-21.

[28] Christine, O. , 1990. Determinants of inter-organizational relationships, integration and future directions [J]. Academy of Management Review, (15): 241-265.

[29] Churchill, N. C. , Lewis, V. L. , 1983. The five strategies of small business growth[J]. Harvard Business Review,87: 34-42.

[30] Claro, D. P. , Hagelzaar, G. , Omta, O. , 2003. The determinants of relational governance and performance: How to manage business relationship? [J]. Industrial Marketing Management, 32(1): 703-716.

[31] Cook, M. B. , Bhamra, T. A. , Lemon, M. , 2006. The transfer and application of Product Service Systems: From academic to UK manufacturing firms [J]. Journal of Cleaner Production, 14(17): 1455-1465.

[32] Cooper, J. , John, J. C. , 2000. Internal marketing: A competitive strategy for the long-term care Industry [J]. Journal of Business Research, 48(3): 177-181.

[33] Crumrine, T. W. , Nelson, R. N. , Cordeiro, C. M. P. , Loudermilk, M. D. ,Malbrel,C. A. , 2005. Interface management for subsea sand-control-completion systems [C] // Rio de Janeiro, Brazil, September 2005. SPE Latin American and Caribbean Petroleum Engineering Conference. Society of Petroleum Engineers:1-11.

[34] Daft, R. , 1983. Organization Theory and Information Technology in the Office [M]. New York: Wiley.

[35] Damon, M. , Fleming, C. W. , Gongmeng, C. , 2009. Strategy, performance-measurement systems, and performance: A study of Chinese firms[J]. International Journal of Accounting, 44(3):256-278.

[36] Das, T. K. , Teng, B. -S. , 1998. Resource and risk management in the strategic alliance making process [J]. Journal of Management, 24(1): 21-24.

[37] Davies, A. , Brady, T. , Hobday, M. , 2006. Charting a path toward integrated solutions [J]. Sloan Management Review, 47: 39-48.

[38] den Hertog, P. , van der Aa, W. , de Jong, M. W. , 2010. Capabilities for managing service innovation: Towards a conceptual framework [J]. Journal of Service Management, 21(4): 490-514.

[39] Desmet,B. , van Dierdonck, van Looy,Gemmel, P. , 2003. Ser-

vitization: or why services management relevant for manufacturing [A]. In van Looy,B. , Gemmel, P. , van Dierdonck(e)ds. , Services Management: An Integrated Approach, Pearson Education [C]. Harlow: Pearson Education Limited. 430-442.

[40] Dewsnap, B. , Jobber,D. , 2000. The sales-marketing interface in consumer acknowledge-goods companies: A conceptual framework [J]. Journal of Personal Selling and Sales Management, 20(2): 109-119.

[41] Dimache, A. , Roche, T. , 2013. A decision methodology to support servitisation of manufacturing [J]. International Journal of Operations & Production Management, 33(11/12): 1435-1457.

[42] Dollinger, M. J. , 1995. Entrepreneurship: Strategies and Resources [M]. Boston:Irwin.

[43] Donnellon, B. , 1993. Cross-functional teams in product development: According the structure to the process [J]. Journal of product innovation management, 10(5):377-392.

[44] Duncan, N. B. , 1995. Capturing flexibility of information technology infrastructure: A study of resource characteristics and their measure[J]. Journal of Management Information Systems, 49(4): 417-429.

[45] Edvinsson, L. , 1997. Intellectual Captical: Realizing Your Company's True Value by Finding its Hidden Brainpower [M]. Harpers Business.

[46] Eisenhardt, K. M. , 1989. Building theories from case study research [J]. Academy of Management Review, 14(4): 532-550.

[47] Emerson, R. , 1962. Power-dependence relations[J]. American Sociological Review, 26(1): 31-41.

[48] Etzkowitz, H. , Leydesdorff , L. , 2000. The dynamics of innovation: From National Systems and "Mode 2" to a Triple Helix of university-industry-government relations[J]. Research Policy, 29 (2): 109-123.

[49] Fang, E. , Palmatier, R. W. , Steenkamp, J. B. E. M. , 2008. Effect of service transition strategies on firm value[J]. Journal of Marketing, 27(5): 1-14.

[50] Finney, R. Z. , Campbell, N. D. , Powell, C. M. , 2005. Strategies and resources: Pathways to success [J]. Journal of Business Research, 58(12): 1721-1729.

[51] Fishbein, B. , McGarry, L. S. , Dillon, P. S. , 2000. Leasing: A Step Toward Producer Responsibility [M]. New York: Inform.

[52] Gebauer, H. , Edvardsson, B. , Gustafsson, A. , Witell, L. , 2010. Match or mismatch: Strategy-structure configurations in the service business of manufacturing companies[J]. Journal of Service Research, 13(2): 198-215.

[53] Gebauer, H. , Fleisch, E. , Friedli, T. , 2005. Overcoming the service paradox in manufacturing companies[J]. European Management Journal, 23(1): 14-26.

[54] Geykens, I. , Jan-Benedict, E. M. , Steenkamp, L. , Scheer, K. , Kumar, N. , 1996. The effects of trust and interdependence on relationship commitment: A trans-Atlantic study[J]. International Journal of Research in Marketing, 13(4):303-317.

[55] Ge,B. S. , Dong,B. B. , 2009. Resource integration process and venture performance: Based on the contingency model of resource integration capability[C]. Long Beach: International Conference On Management Science and Engineering at Long Beach.

[56] Granovetter, M. , 2005. The impact of social structure on economic outcomes [J]. Journal of Economic Perspectives, 19 (Winter): 33-50.

[57] Grant, R. M. , 1991. The resource-based theory of competitive advantage: implications for strategy formulation[J]. California Management Review, 33(3): 114-135.

[58] Gulati, R. , 2007. Dependence asymmetry and joint dependence in inter-organizational relationships: Effects of embed on a manufacturer's

performance in procurement relationships [J]. Administrative Science Quarterly, 52(7): 32-69.

[59] Gupta, A. K., Raj, S. P., Wilemon, D., 1987. Managing the R&D-marketing interface [J]. Journal of Product Innovation Management, 12(4): 335-354.

[60] Hallen, L., Johanson, J., Seyed-Mohamed, N., 1991. Interfirm adaptation in business relationship [J]. Journal of Marketing, 55: 29-37.

[61] Hambrick, D. C., Finkelstein, Cho, T. S., Jackson, E. M., 2005. Isomorphism ie reverse: Institution theory as an explanation for recent increases in intraindustry heterogeneity and managerial discretion [J]. Research in Organizational Behavior, 26: 307-350.

[62] Hammer, M., 1990. Reengineering work: Don't automate, obliterate [J]. Harvard Business Review, 68(2): 104-112.

[63] Hansen, G. S., Wernerfelt, B., 1989. Determinants of firm performance: The relative importance of economic and organizational factors[J]. Strategic Management Journal, 10(5): 399-411.

[64] Harrigan, K. R., 2007. From resource allocation to strategy [J]. Administrative Science Quarterly, 52(1): 146-147.

[65] Hedi, G. J., 1990. Alliances in industrial purchasing: The determinants of joint action in buyer → supplier relationships[J]. Journal of Marketing Research, 11(7):32-44.

[66] Heskett, J. L., 1986. Managing in the Service Economy[M]. Harvard Business Press.

[67] Hitt, M. A., Bierman, L., Shimizu, K., Kochar, R., 2001. Direct and moderating effects of human capital on strategy and performance in professional service firms: A resource-based perspective [J]. Academy of Management Journal, 44(1): 13-28.

[68] Hockerts, K., Weaver, N., 2002. Are Service Systems Worth Our Interest? Assessing the Eco-Efficiency of Sustainable Service Systems [R]. Fontainebleau: Working Paper, Document INSEAD.

[69] Homburg, C. , Hoyer, W. D. , Fassnacht, M. , 2002. Service orientation of a retailer's business strategy: Dimensions, antecedents, and performance outcomes[J]. Journal of Marketing, 66 (4): 86-101.

[70] Hsiaoa, H. K. , Yehb, Y. T. , Ync, S. S. , 2005. Dependences related to strict binary relations [J]. Theoretical Computer Science, 347 (1-2): 306-32.

[71] James, P. , Hopkinson, P. , 2002. Service Innovation for Sustainability: A New Option for HK Environmental Policy[R]. Bradford:Bradford University.

[72] Jean, R. , Sinkovics, R. , 2010. Cross-border relationships and performance: Revisiting a complex linkage: A commentary essay [J]. Journal of Business Research, 63(12):1368-1371.

[73] Jlittner, U. , Wehrli, H. P. , 1994. Relationship marketing from a value system perspective [J]. International Journal of Service Industry Management, 5(5): 54-73.

[74] Johnstone, S. , Wilkinson, A. , Dainty, A. , 2014. Reconceptualizing the service paradox in engineering companies:Is HR a missing link? [J]. IEEE Transactions on Engineering Management,6(2): 275-284.

[75] Kahn, K. B. , 1996. Interdepartmental integration: A definition with implications for product development performance[J]. Journal of Product Innovation Management, 13(2): 137-151.

[76] Kastalli, V. , Looy, V. , 2013. Servitization: Disentangling the impact of service business model innovation on manufacturing firm performance[J]. Journal of Operations Management, 6 (1): 169-180.

[77] Katila, R. , Rosenberger, J. D. , Eisenhardt, K. M. , 2008. Swimming with sharks: Technology ventures, defense mechanisms and corporate relationships [J]. Administrative Science Quarterly, 53: 295-332.

［78］ Ken，G. S. ，Michael，A. H. ，2010. 管理学中的伟大思想:经典理论的开发历程［M］.徐飞，路琳，译.北京:北京大学出版社．

［79］ Keen，P. G. W. ，Cummins，J. M. ，1993. Networks in Action: Business Choices and Telecommunications Decisions［M］. Belmont: Wadsworth Publishing Company.

［80］ Kindström，D. ，Kowalkowski，C. ，2014. Service innovation in product-centric firms: A multidimensional business model perspective ［J］. Journal of Business & Industrial Marketing，29（2）: 96-111.

［81］ Kodama，M. ，2009. Boundaries innovation and knowledge integration in theJapanese firm［J］. Long Range Planning，42(4):463-494.

［82］ Kogut，B. ，2000. The network as knowledge: Generative rules and the emergence of structure［J］. Strategic Management Journal，21(3):405-425.

［83］ Kowalkowski，D. ，Kindström，C. ，Alejandro，T. G. B. ，Brege，S. ，Biggemann，S. ，2012. Service infusion as agile incrementalism in action ［J］. Journal of Business Research，65(6): 765-772.

［84］ La Londe，B. J. ，Zinszer，P. H. ，1977. Customer Service: Meaning and Measurement ［R］. National Council of Physical Distribution Management.

［85］ Larry，A. ，Smith，J. M. ，1986. Concurrent and sequential networks-implications for project management［J］. Engineering Management International，3(4):279-282.

［86］ Lars，H. ，Johanson，J. ，Nazeem，S. ，1991. Adaptation in business relationships［J］. Journal of Marketing，55(3): 29-37.

［87］ Lavie，D. ，2007. Alliance portfolios and firm performance: A study of value creation and appropriation in the U. S. software industry［J］. Strategy Management Journal，28 (3):1187-1212.

［88］ Lawler，E. J. ，Yoon，J. ，1996. Commitment in exchange relations: Test of a theory of relational cohesion［J］. American Sociological Review, 61(8):89-108.

[89] Leelamanie, D. A. L., Karube, J., 2009. Time dependence of contact angle and its relation to repellency persistence in hydrophobized sand [J]. Soil Science and Plant Nutrition, 55(4): 457-461.

[90] Leonard, L. B., Valarie, A. Z., Parasuraman, A., 1985. Quality counts in services, too[J]. Business Horizons, 28(3):44-52.

[91] Levitt, T., 1972. Production-line approach to service[J]. Harvard Business Review, 50(5):41-52.

[92] Levitt, T., 1976. Industrialization of service[J]. Harvard Business Review, 54(5): 63-74.

[93] Lewis, M., Staudacher, P. A., Slack, N., 2004. Beyond Products and Services: Opportunities and Threats in Servitization[C]. Italy:IMS Intl. Forum.

[94] Lewis, N. V., 1983. The five stages of small business growth [J]. Harvard Business Review, 61(3):30-50.

[95] Lichtenstein, B. M., Brush, C. G., 2001. How do "resource bundles" develop and change in new venturese A dynamic model and longitudinal exploration [J]. Entrepreneurship Theory and Practice, 25(3):37-59.

[96] Luthje, C., 2004. Characteristics of innovation users in a consumer goods field: An empirical study of sport-related product consumers[J]. Technovation, 24(9):683-695.

[97] Makadok, R., 2001. Toward a synthesis of the resource-based and dynamic-capability views of rent creation[J]. Strategic Management Journal, 22(5): 387-401.

[98] Mathieu, V., 2001. Product services: From a service supporting the product to a service supporting the client[J]. Journal of Business & Industrial Marketing, 16(1): 39-58.

[99] McKenney, J. L., Copeland, D. C., Copeland, D. G., et al., 1995. Waves of Change: Business Evolution through Information Technology[M]. Harvard:Harvard Business Press.

[100] Metters, R., Vargas, V., 2000. A typology of de-coupling strategies in mixed services[J]. Journal of Operations Management, 18(6): 663-682.

[101] Monczka, R. M., Petersen, K. J., Handfield, R. R., 1998. Success factors in strategic supplier alliances: The buying company[J]. Decision Science, 29(3):5553-5577.

[102] Mont, O., 2002. Clarifying the concept of product-service system [J]. Journal of Cleaner Production, 10(3): 237-245.

[103] Morgan, R. M., 2000. Relationship marketing and marketing strategy: The evolution of relationship strategy within the organization [A]. Thousand Oaks: Handbook of Relationship Marketing, CA: Sage.

[104] Morrison, P. D., Roberts, J. H., Hippel, V. E., 2000. Determinants of user innovation and innovation sharing in a local market[J]. Management Science, 46(12): 1513-1527.

[105] Myers, M. B., Cheung, M. S., 2008. Sharing global supply chain knowledge[J]. MIT Sloan Management Review, 49(4): 67-73.

[106] Murray, S. L., Holmes,J. G., Griffin, D. W., 1996. The benefits of positive illusions: Idealization and the construction of satisfaction in close relationships[J]. Journal of Personality and Social Psychology, 70(4): 79-98.

[107] Neely, A., 2008. Exploring the financial consequences of the servitization of manufacturing [J]. Operations Management Research, 1(2): 103-118.

[108] Nelson, S. W., 1977. In search of a useful theory of innovation [J]. Research Policy, (6): 177-190.

[109] Neu, W. A., Brown, S. W., 2008. Manufacturers forming successful complex business services: Designing an organization to fit the market [J]. International Journal of Service Industry Management, 19(2): 232-251.

[110] Oliva, R. , Kallenberg, R. , 2003. Managing the transition form products to services [J]. International Journal of Service Industry Management, 14(2): 160-172.

[111] Olive, C. , 1990. Determinants of interorganizational relationships, integration and future directions [J]. Academy of Management Review, 15: 241-265.

[112] Parida, V. , Sjödin, D. R. , Wincent, J. , Kohtamäki, M. , 2014. A survey study of the transitioning towards high-value industrial product-services [J]. Procedia Crip, 16: 176-180.

[113] Patrice, H. , 2000. A Tentative Definition of the Interface of Innovation: the Model of the Three Millstones[C]. Strasbourg: Paper for the POSTI-ESST Workshop.

[114] Paulraj, A. , Lado, A. A. , Chen, I. J. , 2008. Inter-organizational communication as a relational competency: Antecedents and performance outcomes in collaborative buyer-supplier relationships [J]. Journal of Operations Management, 26(1): 45-64.

[115] Penrose, E. T. , 1959. The Theory of the Growth of the Firm [M]. Oxford: Basil Blackwell Publisher.

[116] Pfeffer, J. , Salancik, G. R. , 1978. The External Control of Organizations: A Resource Dependence Perspective [M]. New York: Harper & Row.

[117] Pimentel, D. , Claro, G. , Hagelaar, O. , 2003. The determinants of relational governance and performance: How to manage business relationships[J]. Industrial Marketing Management, 32 (8): 703-716.

[118] Pinar, O. , Eisenhardt, K. M. , 2009. Origin of alliance porfolios: Entrepreneurs [J]. Academy of Management Journal, 52 (2): 246-279.

[119] Porter, M, Millar, V. , 1985. How information gives you competitive advantage [J]. Harvard Business Review, 63 (4): 149-160.

[120] Prahalad，C. K.，Hamel，G.，1990. Core competence of the cor-poration [J]. Harvard Business Review，5(6):48-56.

[121] Ren，G.，Gregory，M.，2007. Servitization in manufacturing companies [C]. San Francisco: The Fifth Frontiers in Service Conference.

[122] Robbinson，T.，Clarke，C. M.，Larkson，C. R.，2002. Differen-tiation through service: A perspective from the commodity chem-icals sector [J]. Service Industries Journal，22(3): 149-166.

[123] Roels，G.，Karmarkar，U. S.，Carr，S.，2010. Contracting for collaborative services [J]. Management Science，56（5）: 849-863.

[124] Rudie，K.，2007. From resource allocation to strategy [J]. Ad-ministrative Science Quarterly，52（1）: 146-147.

[125] Rumelt，R. P.，1974. Strategy，Structure and Economic Per-formance [M]. Cambridge: Harvard University Press.

[126] Rumelt，R. P.，1984. Towards a strategic theory of the firm [C] // Schmalensee. Industry Organization Handbook.

[127] Safizadeh，M. H.，Field，J. M.，Ritzman，L. P.，2003. An empirical analysis of financial services processes with a front-of-fice or back-office orientation[J]. Journal of Operations Manage-ment，21(5): 557-576.

[128] Sambamurthy，V.，Bharadwaj，A.，Grover，V.，2003. Shaping agility through digital options: Reconceptualizing the role of in-formation technology in contemporary firms[J]. MIS quarterly，237-263.

[129] Sambamurthy，V.，Zmud，R. W.，1992. Managing IT for Suc-cess: The Empowering Business Partnership[M]. Financial Ex-ecutives Research Foundation.

[130] Scott，R. W.，2011. 组织理论:理性、自然与开放系统的视角 [M]. 高俊山，译. 北京:中国人民大学出版社.

[131] Selens，S.，2003. Promoting relationship learning [J]. Journal of

Marketing，67(3)：80-95.

[132] Shekhar，J.，Aleda，V.，2009. Strategic resource dynamics of manufacturing firms ［J］. Management Science，55 （6）：1060-1076.

[133] Sirmon，D. G.，Hitt，M. A.，Ireland D. 2007. Managing firm resources in dynamic environments to create value：Looking inside the black box ［J］. Academy of Management Review，32 (1)：273-292.

[134] Sirmon，D. G.，Hitt，M. A.，2003. Managing resources：Linking unique resources，management，and wealth creation in family firms［J］. Entrepreneurship Theory and Practice，27 （4）：339-358.

[135] Souder，W. E.，Chakrabarti，A. K.，1978. The R&D/marketing interface：Results from an empirical study of innovation projects ［J］. IEEE Transactions on Engineering Management，25(4)：88-93.

[136] Spring，M.，Araujo，L.，2013. Beyond the service factory：Service innovation in manufacturing supply networks ［J］. Industrial Marketing Management，42(1)：59-70.

[137] Stein，T.，Swea，T. J.，1998. Killer supply chains[J]. Information Week，27(9)：36-46.

[138] Sundbo，J.，2002. The service economy：Standardization or customization? ［J］. The Service Industries Journal，22 （4）：93-116.

[139] Szalavetz，A.，2003. Translation of Manufacturing Industry in the New Economy：Experiences in Hungarian Companies ［R］. Hungarian Academy of Sciences Working Papers.

[140] Teece，D. J.，Pisano，G.，Shuen，A.，1997. Dynamic capabilities and strategic management ［J］. Strategic Management Journal，18(7)：509-533.

[141] Tim，R. V.，Davis，2006. Different service firms，different in-

ternational strategies[J]. Business Horizons, 47(6):51-59.

[142] Thompson, J. D., 1967. Organizations in Action[M]. New Brunswick:Transaction Publishers.

[143] Tukker, A., Tischner, U., 2006. Product-services as a research field: Past, present and future[J]. Journal of Cleaner Production, 17(14):31-39.

[144] Ulaga, W., Reinartz, W., 2011. Hybrid offerings: How manufacturing firms combine goods and services successfully [J]. Journal of Marketing, 75(1): 5-23.

[145] Vandermerve, S., Rada, J., 1988. Servitization of business: Adding value by adding services[J]. European Management Journal, 6(4):314-324.

[146] Vargo, S. L., Lusch, R. F., 2004. Evolving to a new dominant logic for marketing [J]. Journal of Marketing, 68(1): 1-17.

[147] Walker, H., Feild, H., Giles, W., 2011. So what do you think of the organization? A contextual priming explanation for recruitment Web site characteristics as antecedents of job seekers' organizational image perceptions[J]. Organizational Behavior and Human Decision Processes, 114(2):165-178.

[148] Wang, C. L., Ahmed, P. K., 2007. Dynamic capabilities: A review and research agenda[J]. International Journal of Management Reviews, 9(1): 31-51.

[149] Wang, Q., Montaguti, E., 2002. The R&D-marketing interface and new product entry strategy [J]. Marketing Intelligence &Planning, 20(2): 82-85.

[150] Ward, Y., Graves, A., 2005. Through-life management: The provision of integrated customer solutions by aerospace manufacturers[R]. University of Bath School of Management Working Paper.

[151] Wernerfelt, B., 1984. A resource-based view of the firm [J]. Strategic Management Journal, 5 (2): 171-180.

[152] White, A. L., Stoughton, M., Feng, L., 1999. Servicizing: The Quiet Transition to Extended Product Responsibility[R]. Boston: Tellus Institute.

[153] Williamson, O. E., 1979. Transaction cost economics: The governance of contractual relation [J]. Journal of Law and Economics, 22(4): 128-134.

[154] Wish, M., 1976. Comparisons among multidimensional structures of interpersonal relations [J]. Multivariate Behavioral Research, 6(11): 297-324.

[155] Wise, R., Baumgartner, P., 1999. Go downstream: The new profit imperative in manufacturing [J]. Harvard Business Review, 7(5): 133-141.

[156] Wang, C., 2011. Themediating effect of relationship learning on the relationship between supplier development strategy and raising competence [J]. Journal of Business Management, 5(13): 5136-5151.

[157] Wu, W. Y., Chen, S. H., Wang, H. C., 2011. The mediating effect of relationship learning on the relationship between supplier development strategy and raising competence [J]. African Journal of Business Management, 5 (13): 5136-5151.

[158] Yang, K. S., 1993. Chinese social orientation: An integrative analysis [C] // Cheng, L. Y., Cheung, F. M. C., Chen, C. N. (eds.) Psychotherapy for the Chinese: Selected Papers from the First International Conference. Hong Kong: The Chinese University of Hong Kong, 19-56.

[159] Yin, R. K., 1994. Case Sudy Research: Design and Methods [M]. Thousands Oaks: Sage Publication.

[160] Zaheer, A., McEvily, B., Perrone, V., 1998. Does trust matter? Exploring the effects of inter-organizational and interpersonal trust on performance [J]. Organization Science, 9: 123-141.

[161] 安筱鹏. 制造业服务化路线图:机理、模式与选择[M]. 北京:商务

印书馆,2012.

[162] 宝贡敏.以知识为基础的竞争战略——论我国高技术企业的战略管理基本模式[J].南开管理评论,2001(2):40—43.

[163] 蔡莉,柳青.新创企业资源整合过程模型[J].科学学与科学技术管理,2007,10(2):95—102.

[164] 陈闯,雷家骕,吴晓晖.资源依赖还是战略制胜——来自非上市公司的证据[J].中国工业经济,2009,10(2):15—24.

[165] 陈凤霄,黄丽华.信息技术基础设施能力与其规划策略[J].科学学与科学技术管理,2003,24(8):13—15.

[166] 陈洁雄.制造业服务化与经营绩效的实证检验——基于中美上市公司的比较[J].商业经济与管理,2010,22(4):33—41.

[167] 程巧莲,田也壮.制造企业服务功能演变与实现路径研究[J].科研管理,2008,29(6):59—64.

[168] 戴志强.制造企业向服务化转型的新动向[J].经济导刊,2007(8):38—40.

[169] 德姆塞茨.所有权、控制与企业——论经济活动的组织[M].段泽才,等译.北京:经济科学出版社,1990.

[170] 刁兆峰,余东方.论现代企业中的界面管理[J].科技进步与对策,2001,18(5):85—86.

[171] 格罗鲁斯.服务管理与营销:基于顾客关系的管理策略(第二版)[M].韩经纶,译.北京:电子工业出版社,2004.

[172] 格兰诺维特.镶嵌:社会网与经济行动[M].罗家德,译,北京:社会科学文献出版社,2007.

[173] 官建成,靳平安.企业经济学中的界面管理研究[J].经济理论与经济管理,1995,12(6):67—69.

[174] 官建成,张华胜,高柏杨.R&D/市场营销界面管理的实证研究[J].中国管理科学,1999,7(2):8—16.

[175] 郭斌,陈劲,许庆瑞.界面管理:企业创新管理的新趋向[J].科学学研究,1998,16(1):60—67.

[176] 韩霞.创新驱动、加快转型——探索现代保税港区创新发展之路[J].中国物流与采购,2012(24):45.

[177] 胡查平,汪涛.制造业服务提供中的社会技术能力及其对企业绩效的影响[J].中国科技论坛,2013(11):55—60.

[178] 黄美红.对银行业金融机构前后台业务分离模式的思考[J].时代经贸,2008,6(2):214—215.

[179] 黄群慧,霍景东.中国制造业服务化的现状与问题——国际比较视角[J].学习与探索,2013(8):90—96.

[180] 何景成,张金隆.企业资源构成及配置模型研究[J].中国物流与采购,2008(16):66—67.

[181] 何哲,孙林岩,高杰,李刚.服务型制造在大型制造企业的应用实践[J].科技进步与对策,2009,26(9):106—108.

[182] 江若尘,陈宏军.企业间关系的类型及选择[J].商业经济与管理,2008,19(9):29—42.

[183] 姜翰,金占明.企业间关系强度对关系价值机制影响的实证研究——基于企业间相互依赖性视角[J].管理世界,2008(12):114—125.

[184] 简兆权,伍卓深.制造业服务化的路径选择研究——基于微笑曲线理论的观点[J].科学学与科学技术管理,2011,32(12):137—142.

[185] 来有为.制造企业服务化的发展路径和典型模式[J].中国发展观察,2009(3):52—54.

[186] 卢伟航,贺小刚.彭罗斯企业成长内生论及其现实意义[J].南方经济,2005(1):77—79.

[187] 李凤莲,马锦生.企业技术创新与营销的界面管理[J].哈尔滨商业大学学报(自然科学版),2002,18(5):593—596.

[188] 李刚,孙林岩,高杰.服务型制造模式的体系结构与实施模式研究.[J].科技进步与对策,2010(7):15—21.

[189] 李靖华,朱文娟.组织理论视角下的我国服务创新研究进展[J].研究与发展管理,2014(4):82—91.

[190] 李靖华,盛亚,胡永铨.服务创新管理——浙江案例[M].北京:经济科学出版社,2012.

[191] 李军波,蔡伟贤,王迎春.企业成长理论研究综述[J].湘潭大学

学报(哲学社会科学版),2011,35(6):19—24.

[192] 李随成,沈洁.面向集成解决方案的复杂产品系统企业业务转型研究[J].科学学与科学技术管理,2009,30(8):139—146.

[193] 李书玲,韩践,张一弛.员工的素质能力在 HPWS 与企业竞争优势关系中的中介作用研究[J].经济科学,2006(5):110—119.

[194] 李晓亮.制造业服务化的演化机理及其实现路径——基于投入与产出双重维度的扩展分析[J].内蒙古社会科学(汉文版),2014(5):120—123.

[195] 李跃.呼叫中心的关键应用技术[M].北京:北京邮电大学出版社,2005.

[196] 柳青,蔡莉.新企业资源开发过程研究回顾与框架构建[J].外国经济与管理,2010(2):9—15.

[197] 刘文华,任利成,王刊良.基于服务能力和关系资本的服务商选择研究——决策者个体视角[J].技术经济,2011,30(6):106—115.

[198] 刘培林,宋湛.服务业和制造业企业法人绩效比较[J].工业经济,2007(5):89—101.

[199] 刘继国,李江帆.国外制造业服务化问题研究综述[J].经济学家,2007(3):119—126.

[200] 罗建强,王嘉琳.服务型制造的研究现状探析与未来展望[J].工业技术经济,2014(6):153—160.

[201] 罗珉.组织间关系理论最新研究视角探析[J].外国经济与管理,2007(1):25—31.

[202] 罗友花.组织资源视角的集群企业国际化成长效应研究[D].长沙:中南大学,2009.

[203] 马庆国.中国管理科学研究面临的几个关键问题[J].管理世界,2002(8):105—115.

[204] 马占杰,邓波.日韩企业管理思想对我国企业的借鉴意义[J].价值工程,2008(3):95—97.

[205] 马鸿佳,董保宝,葛宝山.资源整合过程、能力与企业绩效关系研究[J].吉林大学社会科学学报,2011,51(4):71—78.

[206] 綦良群,赵少华,蔡渊渊.装备制造业服务化过程及影响因素研

究——基于我国内地 30 个省市截面数据的实证研究[J].科技进步与对策,2014,31(14):47—53.

[207] 莫庆云.供应商关系功能对 BtoB 关系质量的影响研究[D].杭州:浙江大学,2005.

[208] 潘宝骏,张文彤,张锡斌,吴思英.以 SPSS 软件包拟合条件 logistic 回归模型的探索[J].海峡预防医学杂志,2002(6):1—4.

[209] 曲婉,穆荣平,李铭禄.基于服务创新的制造企业服务转型影响因素研究[J].科研管理,2012(10):64—71.

[210] 蔺雷,吴贵生.我国制造企业服务增强差异化机制的实证研究[J].管理世界,2007(6):103—113.

[211] 蔺雷,吴贵生.制造业发展与服务创新:机理,模式与战略[M].北京:科学出版社,2008.

[212] 饶扬德,宋红霞.基于资源整合的企业技术能力提升机理研究[J].科学管理研究,2006(6):9—12.

[213] 任浩.组织行为学:现代的观点[M],北京:清华大学出版社,2011.

[214] 孙林岩,高杰,朱春燕,等.服务型制造:新型的产品模式与制造范式[J].中国机械工程,2008,19(21):2600—2604.

[215] 孙林岩.服务型制造——理论与实践[M],北京:清华大学出版社,2009.

[216] 苏芳,毛基业.IT 外包客户对供应商运营能力的影响:基于关系学习视角的多案例研究[C]//"第六届中国人民大学管理论坛"论文集,2012.

[217] 唐德才,李廉水,杜凯.基于资源约束的中国制造业 ASD 评价[J].管理工程学报,2007,21(4):125—131.

[218] 王春芝,严珊珊,金亚楠.大连装备制造业服务化发展路径探讨[J].大连民族学院学报,2011,13(4):398—401.

[219] 王作军,任浩,田颖男.企业组织间关系:结构与战略选择[J].科学管理研究,2008,26(4):100—115.

[220] 王德禄.管理创造性:企业技术与创新管理[M].济南:山东教育出版社,1999.

[221] 吴涛,海峰,李必强.界面和管理界面分析[J].管理科学,2003(1)：6—10.

[222] 吴秋明.界面设计的"凹凸槽原理"[J].经济管理,2004(6)：26—30.

[223] 熊建萍.资产负债率对公司绩效影响的解析——基于我国汽车行业经验分析[J].重庆理工大学学报(社会科学版),2013,27(7)：42—50.

[224] 肖挺,刘华,叶芃.制造业企业服务创新的影响因素研究[J].管理学报,2014(4)：591—598.

[225] 谢朝武,郑向敏.界面管理与服务能力、服务绩效间的驱动关系：基于酒店企业的实证研究[J].财贸经济,2012,10(9):125—133.

[226] 徐磊.如何建立有效的界面:关于技术创新界面管理的探讨[J].科研管理,2002,23(3)：79—83.

[227] 晏双生.企业"资源"与"能力"论[J].情报杂志,2006(10)：98—100.

[228] 杨雪,刘顺忠,银成钺.新服务开发影响因素研究[J].科学学研究,2008,26(2):478—486.

[229] 杨林岩,赵驰.企业成长理论综述——基于成长动因的观点[J].软科学,2010,24(7)：106—110.

[230] 杨杜.企业成长理论[M].北京：中国人民大学出版社,1995.

[231] 严兴全,周庭锐,李雁晨.信任、承诺、关系行为与关系绩效:买方的视角[J].管理评论,2009,23(3)：71—81.

[232] 尤宏兵,许立帆.资源、环境约束与中国制造业发展之路[J].社会科学家,2014(10)：88—92.

[233] 曾晓涛,谢军.第一大股东持股的区间效应——基于上市公司的实证分析[J].广东金融学院学报,2007,22(4)：69—75.

[234] 赵立龙,魏江,郑小勇.制造企业服务创新战略的内涵界定、类型划分与研究框架构建[J].外国经济与管理,2012,34(9)：59—65.

[235] 赵亚普,张文红.我国制造企业服务转型的挑战及对策:惰性理论视角[J].科学学与科学技术管理,2012(4):129—135.

[236] 赵勇,齐讴歌,曹林.装备制造业服务化过程及其保障因素——基于陕鼓集团的案例研究[J].科学学与科学技术管理,2012(12):108—117.

[237] 赵益维,陈菊红,姚树俊.知识管理视角下的服务型制造创新机制研究[J].中国科技论坛,2010,12(10):34—39.

[238] 赵溪.客户服务导论与呼叫中心实务[M].北京:清华大学出版社,2006.

[239] 张德存.中国发展服务型制造业面临的问题与对策[J].对外经济实务,2010(4):37—39.

[240] 章琰.大学技术转移中的界面及其移动分析[J].科学学研究,2003,12(21):25—29.

[241] 周大鹏.制造业服务化演化机理及发展趋势研究[J].商业研究,2013(1):12—21.

[242] 周丹,魏江.知识型服务获取对资源重构的双重影响研究——基于先前获取经历的调节作用[J].科学学研究,2014,32(4):569—577.

[243] 周艳春,制造企业服务化战略实施及其对绩效的影响研究[D].西安:西北大学,2010.

[244] 朱永跃,马志强,唐青,刘兵.国内外制造业服务化研究述评——基于文献计量分析[J].预测,2013(5):75—80.

后　记

　　本书是浙江树人大学省级基地(浙江省现代服务业研究中心)招标项目"客户关系资源对制造商服务化进程的影响"(2013ZB03)的研究成果之一。也是研究团队在制造服务化主题上的一个阶段性总结。我们在课题研究过程中,对课题主题进行了适度的深化,陆续完成多项相关子研究,并发表了多篇中英文学术论文,在此基础上整理完成本书。相关刊物包括《科学学与科学技术管理》《技术经济》《商业研究》《科技管理研究》、*International Journal of Technology Policy, and Management* 等。

　　本书主要由企业绩效篇、客户关系篇、服务运作篇和转型机理等四篇组成,并进一步分为十章内容。其中企业绩效篇主要研究制造服务化的结果;客户关系篇、服务运作篇分别从外部关系和内部关系两个角度研究制造服务化的前因;转型机理篇则试图打开制造服务化过程这一"黑箱"。各章的具体作者如下。第一章绪论:李靖华;第二章文献综述:李靖华、林莉;第三章服务化绩效:李靖华、马丽亚、黄秋波;第四章客户关系模型和第五章客户关系实证:李靖华、朱文娟、林莉、马丽亚、黄秋波;第六章前后台运作:李靖华、毛俊杰、朱文娟;第七章呼叫中心模型和第八章呼叫中心案例:李靖华、宿慧芳;第九章转型机理模型和第十章转型机理案例:李靖华、马丽亚、林莉。全书由李靖华审校、统稿,研究生李倩岚帮助进行了全书的参考文献整理工作。

　　需要说明的是,本书名为《制造服务化:浙江实证》,其中的案例研究主要涉及浙江地区的友恒厨具、关爱食品、东海汽车、钱江控制、南方制造、神马监控等大型制造企业(均为化名);但第三章服务化绩效研究是基于我国通用设备制造业、专用设备制造业、仪器仪表制造业、电气机械和器材制造业与汽车制造业的 518 家上市公司二手数据展开的;第五章客户关系实证也是基于对浙江、北京、湖北、广东地区的机械设备、电子信息、工程建设等行业的 193 份问卷数据展开的。

研究过程中,得到浙江树人大学现代服务业学院院长和浙江省现代服务业研究中心副主任夏晴教授及学院和中心的周政博士、陈爱妮博士,浙江树人大学科研处姜文杰教授的大力支持,得到浙江工商大学技术与服务管理研究中心主任盛亚教授的不断鼓励,在此深表感谢! 此外,研究生张婷也参与了相关研究工作,付出了辛勤的劳动。研究还得到很多制造服务化企业的大力支持,一并致以谢意!

最后,仍然要感谢我的妻子沈瑛,她为我们的家庭和孩子付出了很多。很难想象如果没有她的支持,我如何能够主持完成这部书稿。

李靖华

2015 年 6 月